Pixi

Pour Emma, Louis et Jules,
mes Pixi qui bougent
Antoine

Pour Pierre Guénard,
mécène des débuts de Pixi
Philippe-Antoine

« Est-ce que ce monde est sérieux ? »
Francis Cabrel

Retrouvez-nous sur :
editionsdelamartiniere.fr
Facebook : @editionsdelamartiniere.arts
Instagram : @lamartiniere.arts

Antoine de Caunes

avec la complicité
de Philippe-Antoine Guénard

Pixi

(une douce addiction)

Photographies de Vincent Bousserez

Éditions
de La Martinière

Sommaire

Double page précédente
Au commencement était le métal...

Au fond des tiroirs : Lucien, en bronze !

LUCIEN

Bienvenue dans un monde enchanté

Il y a quelques années, alors que je me livrais à l'une de mes occupations favorites, à savoir flâner le nez au vent, en me laissant guider par mes pas, dans les rues de Paris, mon attention fut sollicitée par la vitrine d'une boutique où s'entassaient, en un désordre réjouissant, des cohortes de soldats de plomb, statuettes et autres modèles réduits, comme sur un champ de bataille surréaliste où se seraient affrontés chevaliers médiévaux, grenadiers d'Empire, mousquetaires à bouc, cosaques survoltés et légionnaires romains. Le tableau était saisissant, attirant l'œil du passant disponible que j'étais comme un aimant la limaille de fer.

À propos de métal, je dois préciser que l'univers des soldats de plomb – pas plus que celui des soldats, et encore moins celui du plomb – ne m'avait pas jusqu'alors particulièrement charmé. Sans doute parce que l'image de la guerre – la vraie – était encore trop présente dans les esprits de ma génération, qui n'éprouvait aucun penchant à la reconstitution d'un théâtre d'opérations dont le souvenir avait tellement traumatisé la précédente.

Le seul plomb avec lequel nous étions en contact, en dehors de celui qui comblait nos caries, était le plomb des petits coureurs cyclistes ; indifférents aux dangers du saturnisme (comme le seraient les vrais, plus tard, à ceux du dopage), nous nous amusions à revivre quelques palpitantes étapes du Tour de France.

Par ailleurs, la plupart des gens qui s'intéressaient aux soldats de plomb avaient tendance à les collectionner, et il se trouve que j'ai toujours échappé à cette fâcheuse manie, ayant réussi, pour commencer, à me soustraire à celle d'amasser les timbres, plus connue sous le nom de *philatélie*, encouragée par mon grand voyageur de père et dont la seule évocation, si longtemps après, possède encore un fort pouvoir anxiogène.

Pas de collection, donc ; en revanche, un intérêt certain, et depuis toujours, pour tout ce qui relève de l'amoncellement, de l'assemblage hétéroclite et aléatoire, en un mot comme en mille du *cabinet de curiosités*.

Pour le coup, j'étais servi.

Rivé à la vitrine, mon œil ravi se perdait dans la contemplation du capharnaüm de

Le blason : Roger-Roger assoupi, mais gare au chien.

cette gigantesque bataille *toutes époques confondues*, quand un détail anachronique du tableau, qui l'était déjà par nature, me fit tiquer.
Au fond, derrière des hussards napoléoniens en pleine charge, un Gaston Lagaffe, les bras chargés d'œufs géants, fuyait une attaque d'un autre genre, celle d'une mère crocodile à qui, pouvait-on en déduire, il venait de les dérober.
Il n'y avait pas lieu, bien entendu, de se demander ce que Gaston faisait là, perdu au milieu de ce boxon militaire, mais plutôt pourquoi, après tout, il ne s'y serait pas trouvé lui aussi.
Après tout, comme l'avait si bien résumé le commandant Charcot en baptisant ses navires d'exploration polaire les *Pourquoi-Pas ?*.
Pourquoi pas ? Une question dont j'aurais pu faire ma devise depuis si longtemps et qui résume, le lecteur va vite le comprendre, toute la philosophie de l'entreprise Pixi à laquelle nous rendons hommage dans cet ouvrage.
Pourquoi ne *pas* choisir, par exemple, de consacrer sa vie à la modélisation de caractères et de personnages dont la contemplation rapprochée nous fait replonger dans le bain de l'enfance et oublier, pour quelques instants, que quelqu'un eut la mauvaise idée d'en vider l'eau ?
Je vous le demande : quelle occupation plus importante eût pu s'imposer dans l'esprit rêveur d'un Alexis Poliakoff ? Usiner des roulements à bille ? Poinçonner des lilas ? Réévaluer les montants

Une philosophie : toujours brillant, jamais raisonnable.

compensatoires ? Battre des mayonnaises ? La campagne ? Se joindre à la mêlée furieuse des experts en géopolitique, en réchauffement du climat ou en inflation galopante ? Apprendre le moldo-valaque ?
Non. La figurine, soit la statuette de petite taille à motif humain ou animalier : voilà le seul sujet d'importance auquel choisirent de consacrer la plus grande partie de leur existence l'individu susnommé et son beau-fils Philippe-Antoine (avec qui il partage également, ô hasard, si on les inverse, les mêmes initiales), soit l'âme et le cœur de l'aventure Pixi, qui, bien qu'adultes aux yeux de l'état civil, n'en ont pas moins conservé ce que l'on appelle communément une *âme d'enfant*.

Pixi naquit donc au début des années 1980, dont il se murmure qu'elles étaient plus insouciantes que les nôtres, et quarante ans plus tard, ce petit État, introuvable sur les cartes de géographie autres qu'imaginaires, a connu une poussée démographique spectaculaire, se peuplant d'une foule d'individus, d'animaux et d'objets, comme dans le monde réel, ses défauts, sa bêtise, sa méchanceté et sa vilenie en moins.
Un livre fut consacré, en 2013, à répertorier les centaines de créations sorties des ateliers normands de Lison, où sont fondues, ébarbées, polies, peintes à la main les précieuses figurines ; un catalogue raisonné de près de 400 pages, encombrant comme une table basse, le plus exhaustif jusqu'alors, et donc indispensable pour tous les *aficionados*.

Il n'en fallait pas moins pour faire un premier tour de la question.
Mais le temps a passé, une kyrielle de nouveaux personnages, animaux, objets, etc., sont apparus, et un autre ouvrage, plus maniable et transportable, et surtout, portant un regard plus personnel, disons même *passionné* sur ce sujet (on l'aura compris, d'une importance considérable), méritait de voir le jour.
C'est celui que vous tenez entre les mains.

Nous avons parlé de l'objet, disons deux mots de l'auteur de ces lignes.
La première figurine dont je me souvienne est celle de Johnnie Walker, le célèbre dandy à chapeau haut de forme marchant d'un pas altier en direction, j'imagine, d'un débit de boisson proposant le breuvage pour lequel il fait depuis si longtemps la réclame. Je frémis rétrospectivement à l'idée de l'influence désastreuse qu'aurait pu avoir ce prosélyte inépuisable du whisky écossais, cet *iron man* de la cirrhose sur la malléable psyché du jeune garçon au foie (et à la foi) encore intact que j'étais alors ; serais-je même en état de rédiger ces lignes si j'avais réglé mon pas sur le sien, comme le firent tant d'imprudents ?
Voilà en tout cas où remonte mon plus lointain souvenir, et pendant de longues années (en dehors de quelques chevaliers en armure ou de pirates croisés à une époque où rien ne m'intéressait davantage que les romans de la Table ronde et ceux de flibuste, sans oublier, bien sûr, les coureurs cyclistes susmentionnés), je ne me suis plus penché (la position naturelle pour qui s'intéresse à elles) sur les fameuses petites créatures de métal peint, avant ce rendez-vous fatal, cet arrêt imprévu devant la vitrine, qui allait déclencher une furieuse passion dont ce livre n'est qu'un des dommages collatéraux.
Certains évoqueront le hasard, d'autres le destin, comme si une force supérieure avait souhaité que j'y découvre ce qui m'attendait depuis longtemps, d'autres enfin l'oisiveté qui, comme chacun sait, est la mère de tous les vices.
Si je ne l'ai déjà semé en chemin, le lecteur sera alors tout à fait en droit de me demander pourquoi ce privilège accordé à cette marque-là plutôt qu'à tous ces talentueux et méritants fabricants dont les produits inondent littéralement les boutiques de *para-BD* depuis des années.
Je serais tenté de répondre que si je pouvais expliquer cet engouement en quelques phrases, je me serais épargné la peine d'écrire ce livre à son sujet.

Disons qu'il y a d'abord la part rationnelle des choses : le plaisir immédiat de la découverte en 3D, *dans ce format-là* et aussi finement reproduit, d'un personnage dont j'ai pu suivre les aventures en 2D. L'ingéniosité, le talent qu'il a fallu déployer pour saisir *l'instant décisif*, comme disait Cartier-Bresson, qui résume une action sans en perdre l'énergie, la dynamique ou la drôlerie.
La drôlerie mise à part, remarquons que ce sont là des qualités applicables à toute sculpture figurative, des arts premiers jusqu'à Louise Bourgeois en passant par l'Antiquité, la Renaissance italienne ou les prodiges du Bernin.
« Houla ! s'exclamera alors le même lecteur, sur quel terrain marécageux notre intrépide narrateur s'aventure-t-il, à mettre sur un pied d'égalité Michel-Ange et Alexis Poliakoff ?! Va-t-on comparer Léonard de Vinci et Jean-Jacques Sempé ?! »
Et il aura raison.
« Comparaison n'est pas raison », comme dit si bien le proverbe. Gainsbourg parlait d'or en rappelant le distinguo entre arts majeurs et arts mineurs ; tout ne se vaut pas, et j'avoue être épuisé d'avance à la seule idée de relancer le débat sans fin sur ce qui relève des premiers ou des seconds. D'abord, le champ des arts s'est élargi, passant de six à neuf, le dernier, la BD, ayant même reçu récemment, pour le domaine de l'illustration, l'adoubement de la solennelle Académie des beaux-arts, deux siècles seulement après son *invention* officielle par le Suisse Rodolphe Töpffer.
Voilà qui laisse bon espoir, pour autant qu'ils s'en soucient, à tous ceux qui œuvrent, tels les auteurs des fameuses figurines, dans les activités satellites de ladite BD. Un grand pas avait été franchi, en 2013, avec la première exposition d'envergure au très respectable, contemporain et imaginatif musée Maillol.
Toujours est-il qu'en ce qui me concerne, je me contente – et me satisfais – de ces artistes modestes que sont les Sempé et autres Poliakoff pour me tenir compagnie, et me remonter le moral quand ma vie quotidienne devient monotone. Leurs images, leurs objets sont devenus un décor intime auquel j'accorde la plus grande des valeurs : la sentimentale.

Pour ce qui est de l'irrationnel, la rédaction de ce livre, les belles photos de Vincent Bousserez me permettront, je l'espère, d'approcher ce mystère sans le profaner, en le montrant d'un autre point de vue, d'un autre angle que la simple et plate reproduction.
Quelle corde sensible vibre à la fréquentation de ces objets, sous quel charme tombé-je quand je m'en saisis ou que, simplement, mon regard s'attarde sur eux ? Quelle porte ouvrent-ils, comme une parenthèse dans l'agitation permanente du réel ? Voilà quelques questions auxquelles ces images et leurs commentaires apporteront, je l'espère, un début de réponse.
C'est comme si, en les approchant de plus près, je me trouvais en présence de la célèbre lampe à huile d'Aladin, dont le simple frottement permet au génie qu'elle contient de se manifester pour exaucer les trois vœux de son éphémère propriétaire.
Les avoir à portée de main me distrait, me console et me rassure. Voilà pour les vœux.
Portée de main : on ne saurait mieux dire tant le poids conséquent de chacune de ces figurines, dû au mélange de plomb, d'étain et d'antimoine, leur donne une densité particulière.
Bref, la magie opère.
Et j'espère qu'elle vous contaminera !

Les deux papas de Pixi : Philippe-Antoine et ses célèbres boîtes rouges, et Alexis, évaluant sa presbytie en tenant un Roger-Roger à bout de bras.

L'exquis Alexis

« C'est un peu mon Roger-Roger de Troie », m'annonce fièrement Alexis Poliakoff en désignant un objet posé sur la table de son salon, soit un chien – un bull-terrier, pour être précis – en bois peint, d'une vingtaine de centimètres de haut, stylisé à l'extrême. En quarante ans, ce petit personnage est devenu la mascotte de Pixi, comme la coccinelle l'était pour Gotlib.
C'est son dernier projet en date, sur lequel il a travaillé tout l'été, s'inspirant du célèbre cheval de Troie (et non de trait) qui avait permis aux Grecs de s'introduire nuitamment dans cette ville jusqu'alors imprenable, dont ils faisaient le siège depuis plus de dix ans. Pour rendre la chose tout à fait plausible, Alexis a poussé le sens du détail et de la scénographie jusqu'à reproduire, à l'échelle, les murs de la légendaire cité, et bien entendu jusqu'à fournir en soldats la partie de l'armée grecque censée se dissimuler dans les entrailles de l'équidé transformé en canidé.
Il a l'air absolument satisfait du résultat, même si sa modestie naturelle fait s'empourprer ses joues quand je lui adresse mon compliment.
« La boucle est bouclée », ajouté-je avec ce sens de la formule qui m'a rendu si populaire auprès de la corporation des visagistes capilliculteurs.
En effet, le tableau antique que j'ai sous les yeux évoque furieusement celui qu'il avait composé plus d'un demi-siècle plus tôt pour son premier court métrage d'animation, figurant, on va y revenir, 2 000 soldats grecs en tenue de combat, à une époque où il envisageait de faire carrière dans le cinéma.
L'histoire en a voulu autrement, et le monde de la figurine y a gagné ce que celui du septième art y a perdu.
Nous avons donc affaire ici à un homme qui reconstitue, en miniatures, des scènes doublement imaginaires : la fameuse guerre de Troie n'a jamais eu lieu (et Giraudoux avait raison, c'est pas demain la veille), on a mis un temps fou à localiser la ville elle-même, et conséquemment, un cheval de bois géant (et *a fortiori* un bull-terrier) n'a jamais permis à l'un des deux camps de niquer l'autre.
Ce qui rend la situation plus intéressante encore, c'est que le malicieux octogénaire nous présente sa nouvelle création dans

un cadre lui-même chargé d'histoire : soit l'appartement qu'il occupe avec sa famille depuis quelques décennies, au cœur du faubourg Saint-Germain, aux murs duquel sont accrochés à touche-touche, comme dans les appartements des vrais collectionneurs, moult tableaux de son père, Poliakoff senior, Serge de son prénom, l'un des chefs de file de l'art abstrait dans les années d'après guerre. Et du contraste des deux univers – l'un fait d'abstractions géométriques amples aux couleurs puissantes (« La peinture devrait être monumentale », disait-il), l'autre de petits personnages poétiquement réalistes – naît un de ces étranges *mash-up* qui donnent tout leur sel à l'existence, beau comme la fameuse « rencontre fortuite sur une table de dissection d'une machine à coudre et d'un parapluie », chère à Breton.

Mais bien sûr, tout cela *fait sens*, comme on dit, et il ne s'agit de rien d'autre que d'une histoire d'héritage, née dans l'atelier du père.

Pour occuper Alexis et le faire tenir tranquille dans un coin, Serge Poliakoff lui confiait de la terre qu'il pouvait modeler à sa guise, activité pour laquelle il montra certaines dispositions puisque avant dix ans, tout comme Mozart avait déjà composé divers menuets et symphonies, il remporta haut la main la finale d'un concours de modélisme lancé par *Le Figaro*, à l'occasion du Salon de l'enfance, grâce à une *Place de la Concorde* reconstituée qui eut le mérite, entre autres, de la faire régner, la concorde (pas la place), entre les membres d'un jury exigeant. Tout l'inspire alors : la conquête du Tonkin, les corridas, les scènes de la vie quotidienne. Comme il le résume avec cet art de la concision qui se retrouve dans

La célébrissime *Tintin et Milou dans la potiche*, entre les mains de son sculpteur.

Milou, Tintin et le jeune Tchang.

Quand Alexis croque ses idées, ça donne des croquis.

son œuvre : « J'étais pas manchot » – effectivement, cela l'aurait handicapé dans sa jeune vocation.

Par déterminisme familial, Alexis se lance quand même dans la peinture, encouragé par son père pour qui il broie non pas du noir (comme chez les Soulages) mais des couleurs. Il se risque sur une piste figurative et recueille ce commentaire aussi paternel que désarmant : « Tu n'es pas mon fils… tu es mon grand-père ! »

Une manière comme une autre de lui signifier qu'on ne peut plus peindre comme nos aïeux, mais qu'il faut aller de l'avant, et faire preuve d'audace. Alexis se le tient pour dit, s'essaie quelque temps au tachisme, réponse européenne à l'expressionnisme abstrait ; la figure de proue du mouvement est alors Georges Mathieu, peintre moustachu, ombrageux et colérique dont la postérité retiendra, au-delà de l'œuvre picturale, qu'il aura créé le logo de la pièce de dix francs en 1974, celui d'Antenne 2, ainsi que la statuette aussi pointue que contondante des 7 d'or[1] (mon mollet gauche en garde un sanglant souvenir pour s'être littéralement empalé dessus un soir de cérémonie).

Il peint donc quelques toiles. Yul Brynner devient l'heureux propriétaire de l'une d'entre elles. Après sa mort, à l'occasion d'une mise en vente de ses biens, Alexis la rachètera. Pour l'heure, il met la peinture en veilleuse, comme on fait d'un chauffe-eau. La flamme brûle toujours.

Son père ne désespère pas et lui offre une caméra qui lui permet de découvrir les joies de l'animation. Sa passion première pour le modelage se retrouve aussitôt sur

1 Remise de médailles télévisuelles, aujourd'hui disparue. L'équivalent des César, en plus lent.

Méli-mélo de Pixi en alcôve.

pellicule : il réalise 2 000 figurines en plâtre afin d'orchestrer le péplum le plus court de l'histoire. *Prolégomènes* raconte les aventures d'un héros grec de l'Antiquité, lancé avec ses armées (« Nous partîmes cinq cents ; mais par un prompt renfort / Nous nous vîmes trois mille en arrivant au port ») à la conquête d'une ville lointaine. Un mélange ambitieux d'Homère (devenu Hopère, pour l'occasion, mais pas une jeune fille...) et de film à grand spectacle, avec tous les ingrédients indispensables : attaques de forteresses assyriennes, courses de char, et même un Sphinx paralysé par la timidité...
Georges de Beauregard, un producteur de cinéma qui porte bien son nom, lui offre un stage sur un plateau. Alexis plaît, et ne tarde pas à grimper les échelons en assistant une intéressante collection de cinéastes. De Godard à Chabrol en passant par Schoendoerffer et les autres, son carnet de bal s'emplit rapidement et augure d'une belle carrière. Seulement voilà, le tourbillon de la vie en décide autrement : quand le grand Serge succombe, en octobre 1969, il laisse non seulement une maisonnée éplorée mais aussi une œuvre considérable, riche de plusieurs centaines de toiles, réparties entre différents collectionneurs, musées et propriétaires privés, sans compter celles qui attendent sagement dans les cartons de revoir la lumière du jour et celles dont je parlais plus haut, qui, encore aujourd'hui, accompagnent en silence, accrochées aux murs comme autant de fenêtres ouvertes sur *le grand peut-être* stendhalien, la vie de ses descendants.

Le Roger-Roger de Troie libérant ses occupants.

Alexis va découvrir les joies d'un métier auquel il n'avait pas encore songé : curateur de l'œuvre de son propre père. Cela le condamne – les analystes de tout poil se pencheront avec délectation sur son cas – à ne pas laisser trop s'éloigner celui qui vient de prendre congé, au point de vivre au milieu d'une partie de ses œuvres. L'homme s'étant absenté définitivement, il faut s'occuper des travaux de l'artiste, et veiller au grain, des faux commençant à circuler sur le marché.
Du reste, le cinéma classique présentait un inconvénient majeur à ses yeux : travail d'équipe par définition, il convient rarement à un individu solitaire, disons par exemple (au hasard) à un sculpteur, que rien ne comble autant que la maîtrise de A à Z de ce qu'il produit.
Reconnaissons que ça tombe bien : c'est là que le jeune Alexis s'épanouit. Sa fille, Marie-Victoire, galeriste d'art contemporain, n'y va pas par quatre chemins : « Ses sculptures sont petites, mais si vous les imaginez faisant deux mètres, c'est quand même mieux que Jeff Koons. »
À l'inverse, si Jeff Koons travaillait un format miniature, serais-je pour autant tenté de disposer sur mes étagères ses fameux *Balloons*, lapins et autres caniches, aussi vides de substance que les ballons de baudruche qui les ont inspirés ? Rien ne me permet de le croire.
Tout le travail d'Alexis respire la délicatesse, la douceur, la tendresse, l'humour, et – attention, mot galvaudé par l'usage récurrent (et récurant) qui en est fait – la bienveillance.
C'est le point commun de tous ses personnages, qu'il s'agisse de simples Civils de plomb (et non de soldats), d'artistes, de mannequins de mode, de figurants du défilé du 14 Juillet façon Jean-Paul Goude, voire de Tintin, dont il signa les deux premières collections Pixi (graal des collectionneurs). De tous, quels qu'ils soient,

Trois Pixi de cuisine posés sur une gravure XIXe (Urbain Dubois) mangée par le soleil, avec rehauts de couleurs réalisés par Sacha pour Philippe-Antoine.

JUD ALLAN
MILLIONNAIRE MALGRÉ LUI
LES SEMEURS DE GLACE
LE MAITRE DU DRAPEAU BLEU
MATCH DE MILLIARDAIRE
LES CINQ SOUS DE LAVARÈDE
VOYAGES EXTRAORDINAIRES
JULES VERNE
LE TOUR DU MONDE en 80 jours
LE DOCTEUR OX
MAISON VAPEUR
L'ILE MYSTÉRIEUSE
FACE AU DRAPEAU CLOVIS DARDENTOR
FAMILLE SANS NOM
L'ILE A HÉLICE
DEUX ANS DE VACANCES
VOYAGES EXTRAORDINAIRES
PAR
JULES VERNE
LA CHASSE AU MÉTÉORE
LE PILOTE DU DANUBE
KÉRABAN LE TÊTU
LE VOLCAN D'OR

Promenons-nous dans les boîtes.

aussi différents soient-ils, émane ce charme unique, irrésistible comme un sortilège, qui permet à l'œil avisé de reconnaître un *Pollakoff*.

Père et fils.

Qu'ils jouent dans la même cour ou non, et peu importe, au final, que l'une soit plus *récré* que l'autre.

« Je n'ai jamais fait de grandes choses. Ce que je fais n'est pas sérieux, mais je le fais très sérieusement », ajoute-t-il, de cette voix discrète, douce et malicieuse qui oblige son interlocuteur, tout comme Roger-Roger, à tendre l'oreille. « Et je suis un modeleur… pas un sculpteur. Il y a longtemps, j'ai pris un bloc de pierre et j'ai commencé à sculpter un visage, que j'imaginais à la mode des marbres cycladiques du IIIe millénaire avant J.-C., très simples, géométriques et dépouillés. Je me suis pris direct un éclat dans l'œil. Le soir, j'étais (provisoirement) borgne. »

Des Pixi fraîchement sortis des albums de Jules Verne.

Nous voici donc en compagnie de la dernière incarnation de Roger-Roger, bull-terrier devenu cheval troyen. À en croire son maître, ses aventures sont loin d'être terminées, tout comme celles des figurines dont il aime à penser que, la nuit tombée, elles s'ébrouent de leur rigidité et s'animent, comme dans les contes d'Andersen – n'oublions pas qu'un *pixie* est également un farfadet, dans la mythologie celtique – ou dans *Toy Story*, pour mener leur vie secrète, loin de nos regards cartésiens et raisonnables.

Bon pied bon œil (le pied étant devenu plus fragile que l'œil), Alexis envisage ainsi une collection de livres d'aventures pour (grands) enfants, en collaboration avec la dernière-née de la dynastie, Sacha, jeune artiste peintre dont l'avenir s'annonce radieux, à en croire le succès de ses premiers travaux.

Comme disent les Anglo-Saxons, y compris les Écossais dont le sang coule en partie dans les veines familiales : *To be continued…*

Des épices dans le plomb

Si ce monde tournait comme il est censé le faire, Philippe-Antoine Guénard aurait dû se contenter de reprendre le flambeau grand-paternel, qui éclairait d'une lumière prospère le monde chamarré, exotique et parfumé des épices, et plus précisément le commerce du fruit de certaines orchidées lianescentes tropicales d'origine méso-américaine, bien connu sous le nom de *vanille*. L'aïeul y avait fait fortune, important les gousses pour le plus grand bonheur des papilles exigeantes (et de son compte en banque), et le petit-fils, diplôme en poche, verrait donc s'ouvrir à lui un avenir serein.

C'était compter sans l'amour, célèbre variable d'ajustement qu'aucun tableau Excel ne parviendra jamais à prendre en compte.

Il se trouve que la toute jeune mère de Philippe-Antoine, Marie-Helen, croisa la route d'Alexis Poliakoff, et ce fut, comme on dit, le *coup de foudre* (même si je n'ai jamais réussi à comprendre cette métaphore météorologique qui a tendance à carboniser ses victimes).

Le père biologique de Philippe-Antoine ayant disparu des radars, Alexis adopta sans hésiter celui qui, vingt ans plus tard, deviendrait son associé, son partenaire et son complice.

Philippe-Antoine grandit donc entre ses grands-parents – rive droite – et sa belle-famille – rive gauche –, gardant le meilleur des deux mondes, celui de la bourgeoisie et celui de la bohème, bien avant l'apparition du mot-valise qui contracterait les deux en ce *bobo* péjoratif, accommodé aujourd'hui à toutes les sauces.

Longtemps avant que cela devînt un sujet, il avait donc deux papas (c'est ainsi qu'il appelait son grand-père), aucun des deux n'étant le véritable, et une maman certifiée.

Il s'en est très bien sorti.

Élevé pendant la semaine par ses grands-parents, Philippe-Antoine s'intégra naturellement à la tribu Poliakoff – qui allait s'agrandir et accueillir un frère et une sœur, Thaddée et Marie-Victoire –, rituellement réunie, le jeudi, pour un

déjeuner autour de la figure tutélaire du grand Serge, en son appartement de la rue de Seine, comme un morceau de *datcha* échoué au cœur de Paris, loin de ses bases russes.
Or donc, la fréquentation intime des Poliakoff, leur fantaisie, leur excentricité, leur vibrante fibre artistique parvinrent sans mal – ainsi que je l'imagine, connaissant l'individu – à détourner Philippe-Antoine de son destin initial de négociant en condiments importés des îles lointaines.

Parvenu à sa majorité, alors que son beau-père se démenait entre ses désirs de cinéma, son goût pour les figurines et la réalité tangible de la gestion de l'œuvre paternelle (ce dernier ayant eu le mauvais goût de disparaître en 1969), il eut alors l'idée lumineuse de créer avec lui la marque qui nous passionne tant aujourd'hui : Pixi.
Une marque particulière. Une marchandise pas comme les autres. Pas même une marchandise au sens industriel du terme puisque l'idée première, avant même d'aborder des considérations d'ordre économique, était de raconter une histoire à travers une collection de personnages représentés sous forme de figurines, édités en série limitée, sculptés, moulés et peints à la main. Autrement dit, des « objets petits, chers et totalement inutiles ». Pas *essentiels*, dirait-on aujourd'hui. Comme le résume très bien Philippe-Antoine : « Ça avait intérêt à être cool… »
Ça le serait, telles les montagnes (russes, bien sûr) des parcs d'attraction. Avec des hauts, des bas, la confrontation aux dures lois du marché (du jouet) et à celles de la concurrence, dans un secteur – la figurine *para-BD* – prêt à dégainer façon Lucky Luke.
Sachant qu'Alexis collectionnait depuis l'enfance les soldats de plomb (il en possédait 50 000, de quoi inverser le cours d'une bataille traditionnelle, et pas seulement Waterloo), le parti pris fut de s'éloigner délibérément de la chose militaire

Un pot cassé, rafistolé façon *kintsugi*, et labellisé Pixi.

pour s'intéresser à la vie civile, de créer, selon les propres mots de Philippe-Antoine, « une collection qui honorerait nos héros, ceux de la vie de tous les jours, du quotidien, du monde des arts, héros de nos livres d'enfants, de nos passions ».
Pour mieux cerner le personnage, comme pour Alexis, rien ne vaut une visite domiciliaire. Dans sa maison dans l'Eure s'entasse, en un joyeux capharnaüm, le fruit de ses insatiables quêtes d'objets, un travers visiblement familial puisqu'on en trouve la même trace chez ses parents. Philippe-Antoine n'est pas tant un *collectionneur* (ou alors, un collectionneur de collections) qu'un *accumulateur*.
On y trouve, en vrac (mais dans un vrac parfaitement ordonné), des ustensiles de toute nature : cuillères dites « de couvent », moules à gâteau, à aspic, couteaux à cran d'arrêt, bougeoirs églomisés, boîtes russes en papier mâché, moulins à sel lozériens, divinités hindoues en argent

repoussé, pots de couleurs, icônes, cannes de marche, gousses de vanille en plomb, pingouins en porcelaine... sans oublier des entassements d'outils à faire pâlir le rayon quincaillerie du BHV.

C'est là que l'homme s'épanouit, épaulé par Kate, la femme de sa vie, artiste peintre elle-même, anglaise et fantasque, exquise cuisinière, qui veille par ailleurs à maintenir à feu constant l'imagination bouillonnante de son compagnon.

Ici, les Pixi sont chez eux, aussi bien à l'abri de vitrines que dans les recoins les plus inattendus ou sagement alignés dans des dizaines de boîtes rouges. Ce que Philippe-Antoine nomme ses « fonds de tiroir », autrement dit des surplus de séries éditées interrompues en cours de route, des essais, ébauches et surnuméraires déclassés. En quarante ans d'exercice, ça fait du volume, et cette armée des ombres Pixi n'attend que l'occasion d'une grande expo, plus flamboyante encore que celle du musée Maillol en 2013, pour parader en pleine lumière.

Philippe-Antoine est la mémoire vivante de l'entreprise, son disque dur. Il souffre (mais en souffre-t-il ?) de ce que la faculté résume en un mot : *hypermnésie*. Une quasi-infaillibilité du souvenir qui lui permet d'évoquer dans une même phrase l'intérieur de la maison où vivait et travaillait André Franquin, le temps qu'il faisait le jour de leur rencontre, la couleur de leurs chemises respectives et, bien sûr, la réaction – chaleureuse – du génie belge en découvrant un de ses Gaston en 3D. Il se souvient de qui, de quand, de pourquoi, de comment, d'où. On rêverait de l'avoir pour témoin en cas d'accident de la route. Je note par exemple, tant que je me la rappelle – j'ai en revanche la mémoire d'une porte de grange –, cette petite anecdote qui lui revient alors que je découvre dans l'une de ses vitrines, perdu entre quelques Tintin, des fameux Civils, un ou deux Marsupilamis, un comte de Champignac, deux Olrik, sept ou huit Roger-Roger, un lancier du Bengale en uniforme d'apparat, chevauchant fièrement sa monture.

« Que fait donc là cet intrus ? » m'enquiers-je, sachant qu'Alexis n'en sculpta jamais, à ma connaissance.

Son grand-père Guénard, qu'il appelait donc papa, avait une véritable passion pour le film de Henry Hathaway, *Les Trois Lanciers du Bengale* (1935), avec Gary Cooper. Le jour de ses funérailles, Alexis déposa sur son cercueil, non pas la rose traditionnelle, mais un cavalier de plomb semblable à celui que j'ai sous les yeux – suivi par l'ensemble de la famille Poliakoff, inspirée par ce geste original.

C'est donc un petit escadron qui prit forme sur la bière, pour accompagner le disparu dans l'au-delà et lui permettre de se défendre, en cas d'attaque surprise du redoutable chef rebelle Mohammed Khan.

Bien sûr, l'histoire, telle que je la raconte, tient en quelques lignes. Dans la bouche de Philippe-Antoine, elle se déploie et s'envole, reliant cet événement particulier à un autre, sans aucun rapport avec le précédent sinon la gymnastique mémorielle du narrateur, qui pratique avec bonheur le jeu dit « du marabout » (bout de ficelle/selle de cheval/cheval de course/course à pied, etc.) dont se souviendront certainement les lecteurs les moins verts (vermoulu/Lucifer/fer de cheval, etc., *ad lib.*).

Ça tombe bien. C'est ainsi que le fringant sexagénaire aimerait que se perpétue la tradition Pixi. Celle d'un *raconteur d'histoire*, au singulier comme au pluriel.

Philippe-Antoine polissant son Alfred, le célèbre pingouin d'Alain Saint-Ogan.

Le présentoir bricolé par le grand-père Guénard, mettant en scène ses Civils préférés.

NOUVEAUTÉS
de
PARIS

Pixi, en son royaume

Il est une rue minuscule du cœur germano-pratin de Paris qui est un passage obligé pour les *aficionados* de Pixi.
Tous sont absolument indifférents à ce que l'adjectif peut avoir de péjoratif aujourd'hui, associé qu'il est à une bourgeoisie bien-pensante cultivant l'entre-soi jusqu'à la déraison, avec un goût marqué pour les boutiques de mode, de décoration ou d'antiquités à des prix défiant évidemment toute concurrence (mais pas dans le bon sens).
Elle s'appelle la rue de l'Échaudé, et pour dissiper une idée reçue d'un autre genre, ce n'est pas là que l'on ébouillantait, en des temps plus barbares, ceux que l'on avait condamnés à l'être. *L'échaudé*, en l'occurrence (il sera dit que vous aurez découvert plein de choses en lisant cet ouvrage, tout comme moi en l'écrivant), fait référence à un gâteau de forme triangulaire ; l'artère est ainsi baptisée car le pâté de maison auquel elle appartient y fait furieusement penser.
Et donc, au cœur de la rue de l'Échaudé se trouve une petite boutique de couleur bordeaux, affichant l'enseigne *Pixi & Cie*.
Elle est à Pixi ce que l'immeuble Apple, au 3 Savile Row, fut aux Beatles. Et j'ouvre rapidement une nouvelle parenthèse pour signaler que Pixi rendit hommage aux Beatles, période psyché *Yellow Submarine*, à travers quelques-uns des personnages cartoonesques qui interviennent dans le film du même nom…
Poussons la porte de cette boutique, qu'y trouvons-nous ?
Au rez-de-chaussée, mises en valeur et en lumière, des figurines de toutes tailles, de tous genres, y compris des bronzes, et quelques Roger-Roger si expressifs qu'on a soudain l'impression d'être dans un refuge pour animaux domestiques, qui vous implorent de les adopter sans tarder.
À droite, un petit escalier vous invite à visiter l'étage.
N'hésitez pas. Là est installé un musée Pixi exposant des pièces rares (le jeu d'échecs des Shadoks, jamais commercialisé, le sous-marin requin de Tintin, version sur tréteaux, avec cockpit ouvrant et plaque de certificat au sol), le village d'Astérix, *Le Mammouth de Titeuf* (pièce unique), la *Scène triomphale*, représentant Tintin paradant en grande pompe, à dos d'éléphant, aux côtés du maharadjah de Rawhajpoutalah dans *Les Cigares du pharaon*, des dioramas (scène présentée à l'intérieur d'une boîte aux rabats ouvrants), quantité de Civils d'Alexis ainsi qu'une reproduction d'un atelier de fabrication.

Selfie **d'époque de Vincent Van G.**

La famille Poliakoff au grand complet, Roger-Roger inclus...

C'est un musée de taille modeste, ce qui semble aller de soi pour un musée de miniatures, dans lequel vous avez peu de chances de vous égarer mais où vous êtes certain de vous perdre. C'est une invitation délicieuse au voyage, vers ce pays que nous avons tous fréquenté : l'enfance. Les amateurs y découvrent toutes les facettes de Pixi, les connaisseurs la pièce qu'ils convoitent en secret, les touristes anglophones *an amazing place*, et les enfants une caverne d'Ali qui les laisse babas.

Tout musée a besoin d'un conservateur. En l'occurrence, une conservatrice, Sophie, même si le terme semble mal taillé pour cette jeune femme dont l'enthousiasme et l'érudition pixienne absolue en ont fait une interlocutrice indispensable, capable de jongler entre l'anxiété des collectionneurs à l'affût, les idées fantasques de Philippe-Antoine et les contingences pratiques des ateliers et autres fournisseurs.

Sophie est un des maillons forts de la chaîne Pixi. Après une licence en musicologie à la Sorbonne, elle découvre, grâce à un job d'été, la vie dans un magasin de jouets.

Cette cigale-là aurait bien chanté toute son existence, mais elle n'a pas les moyens de ses rêves et prend conscience que là aussi, il y a, comme on dit dans *Le Grand Bleu*, beaucoup d'apnée, mais peu d'élus. Oui, je sais, c'est navrant.

Elle travaille donc dans un magasin de jouets, s'y ennuie rapidement. On lui propose la direction de la communication de Plastoy, les figurines en plastique qui ont permis aux Pixi de survivre aux rigueurs du marché (le plastique au secours du plomb... je ne sais quelle morale en tirer...) ; enfin, Sophie découvre véritablement le monde de Pixi grâce à la légendaire exposition de 2013 au musée Maillol, puisqu'elle fait partie des 100 000 visiteurs attirés par l'événement.

Le triporteur Pixi, ancêtre stylé du Deliveroo contemporain.

Elle résume ça en trois mots : « J'étais sonnée ! »
C'est un choc, comme si une armoire entière de madeleines de Proust lui était tombée dessus. Elle a envie d'y passer quelques années de sa vie. Apprenant que la place est vacante, elle postule pour tenir la boutique. Elle succède à deux femmes qui ont marqué la mémoire pixienne, Athéna et Agnès ; il en faut, des grandes filles – des femmes puissantes –, pour s'occuper de tous ces enfants qui sommeillent chez les collectionneurs.
Parce qu'il ne s'agit pas d'un métier comme les autres.
Elle est au carrefour de deux mondes : les ateliers qui fabriquent et réparent, et les fondus de fondus. Elle doit tout savoir, répondre aux questions, aider à dénicher les pièces rares, faire savoir qu'elle les a retrouvées, lâcher suffisamment d'infos sans tout livrer, calmer le jeu tout en entretenant le feu, débusquer les faux, démasquer les pirates, entretenir le temple, les relations avec Hachette ou Moulinsart, et ne pas se laisser dérouter par les fantaisies de Philippe-Antoine, perfectionniste jusqu'au-boutiste capable de bloquer une fabrication parce que le socle de telle figurine n'est pas rouge, ainsi qu'il l'avait souhaité.
C'est plus qu'un job, c'est un sacerdoce.
Et elle, qui vit entourée de Pixi, vers lesquels vont ses préférences ? Sophie répond spontanément : Roger-Roger, le fidèle compagnon à quatre pattes d'Alexis, décliné sous toutes les formes, s'invitant dans les scènes (la montagne Marsu, la diligence Lucky) ou vivant ses propres aventures. Une quarantaine de pièces. Et bien sûr, les Civils, pour qui elle éprouve une tendresse toute particulière...

Double page suivante
Le dino Di Rosa en tête d'échappée (belle).

Roger-Roger

Roger-Roger mérite bien sûr un traitement particulier dans ce livre d'images, qui, sans prétendre aucunement à l'exhaustivité, serait forcément incomplet s'il ne rappelait l'existence de ce petit chien noir et blanc, né en même temps que la marque et devenu à la fois son symbole et sa mascotte.
Tintin a son Milou, Pixi son Roger-Roger.
Leurs routes ne se sont jamais croisées, mais ils se seraient plu, sans aucun doute. Hergé possédait des toiles de Poliakoff père, et le fils offrit à Milou une incarnation tridimensionnelle, lui donnant la possibilité de côtoyer Roger-Roger et peut-être même de lui renifler le derrière, ainsi que l'on fait couramment dans le monde canin sans s'embarrasser, comme chez nous autres humains, de préambules plus ou moins dispendieux.
Roger-Roger est donc un bull-terrier bicolore dont la vie est une grande aventure.
Les circonstances de sa naissance sont suffisamment croquignolesques pour qu'on s'y attarde ici un instant.
Au début des années 1980, Alexis, en vacances à l'île de Ré, jouait avec ses enfants, dans le jardin, au célèbre *kriegspiel* (créé par le baron von Reisswitz – 1794-1827), autrement dit *wargame* ou « jeu de la guerre ». Une activité un tantinet paradoxale pour un pacifiste convaincu comme lui, mais il fallait bien en trouver une, d'activité, si possible de plein air, aux milliers de soldats de plomb qu'il collectionnait depuis des années et qui prenaient la poussière sur les étagères. On se demandera peut-être au passage : pourquoi aimer si passionnément les figurines militaires quand on déteste à ce point la guerre ? Peut-être, mais ce n'est qu'une interprétation possible, pour le plaisir ironique de voir le plomb servir à autre chose qu'à fabriquer des balles...
Le *kriegspiel* est un jeu qui consiste à aligner en ordre de bataille des petits soldats pour les dégommer ensuite à coups de billes. Comme tous les jeux en apparence absurdes, il doit être pris très au sérieux, et l'insoupçonnable H. G. Wells, illustre auteur de *La Guerre des mondes*, passe pour être celui qui, dans son ouvrage – il est vrai oublié – de 1913, *Little Wars*, en a imprimé, noir sur blanc, les règles fondamentales.
La famille Poliakoff était donc plongée dans une partie endiablée de *kriegspiel* quand un chien errant, qui errait par là, apparut soudain au milieu de l'engagement et balaya d'un coup de queue une compagnie d'infanterie au grand complet.

Un chien grogne... pourquoi pas un chien grognard ?

À en croire Alexis, il était si charmant qu'il fut, dans un seul mouvement, pardonné, adopté et transformé en logo, au-dessus duquel s'inscrit cette devise qui pourrait passer pour la mise en garde d'une résidence secondaire de la Rome antique : *Cave canem !* « Prends garde au chien ! »
Même si ceux qui traînent dans la famille Pixi élargie, Milou, Idéfix, Bill, Rantanplan et Cie ne feraient pas de mal à une mouche, fût-elle en plomb.
Quand on demande à Alexis Poliakoff pourquoi il choisit de baptiser son chien fétiche Roger-Roger, il répond simplement qu'il avait toujours eu envie d'un chien portant ce prénom. Si l'on insiste pour savoir pourquoi deux Roger plutôt qu'un, il se contente du célèbre « pourquoi pas ? » déjà évoqué en ouverture de cet ouvrage. Et puis, ajoute-t-il, « ça sonne mieux »... Si on y réfléchit un instant, les redoublements syllabiques ne sont pas si rares que ça dans l'univers canin : Rintintin, Rantanplan, Miloulou, etc., et encore moins dans celui des propriétaires d'animaux domestiques : combien de Kiki pour un Rex ?
Quatre décennies plus tard, Roger-Roger continue de se faufiler à sa guise dans l'armée hétéroclite des personnages Pixi.
Il a été mis à toutes les sauces, développant son propre fan-club (il y a des collectionneurs de Roger-Roger) ; au bout du compte, continuant à vivre sa propre vie. On joue avec lui, autant que lui aime jouer tout court. Ainsi le retrouve-t-on, s'invitant dans des scènes préexistantes, en train de courir après la diligence de Lucky Luke ou derrière un serpent dans *La Montagne des Marsupilamis*, pour ne citer que deux exemples. Ou bien il mène son existence autonome sous, à ce jour, 35 déclinaisons différentes. Il fait des acrobaties sur un ballon, fume de l'opium, dirige un orchestre, offre un gâteau d'anniversaire, se prend un pot de peinture sur le museau (jaune pour le Marsupilami, bleu pour les Schtroumpfs), etc.
Bref, la vie de R.-R. (les initiales de *Rolls-Royce*, clin d'œil sans doute inconscient au véhicule préféré de Philippe-Antoine et de la reine d'Angleterre, et leur seul point commun, à ma connaissance) est riche en péripéties.

Collection (partielle) de Roger-Roger, sur fond de tartan dessiné par Kate.

Double page suivante
Roger-Roger à cheval, inspectant, impérial, ses chiens de garde.

Roger-Roger, une gousse de vanille dans le bec, cerné par un mikado de vanille en plomb.

Double page suivante
**Roger-Roger, façon Tintin, ou plutôt Milou.
Résumé : un chien fantassin à cheval (à bascule). Le tout en plomb.**

Roger-Roger gourmand, mais
stoïque. Après tout, souffler
n'est pas jouer.

Des Civils (dans tous leurs états)

Pixi pâtissier prêt à s'enfoncer dans une meringue italienne, parsemée de zeste de citron, montée par Kate.

Un bonnet d'âne qui évoque des souvenirs douloureux à l'auteur.

Par des chemins détournés, j'ai fini par retrouver la piste d'Alexis Poliakoff dans l'univers Pixi, dont il est pourtant l'âme et l'étincelle première. Comme je le racontais en ouverture, c'est par *Gaston poursuivi par le crocodile* que je me sentis aspiré dans un trou noir débouchant sur cette galaxie jusqu'alors inconnue, ce monde parallèle minuscule existant au sein même du nôtre sans que nous lui prêtions l'attention qu'il mérite.

Ce portail d'entrée, par le biais de la BD, m'enchanta tout autant qu'il me cacha l'essentiel, comme si j'avais entrepris la lecture d'un ouvrage savant de cosmogonie sans en passer par les fameux *prolégomènes*, pour reprendre le titre du projet de série d'animation d'Alexis dans les années 1970. Mélange de péplum à la sauce homérique, de coups de théâtre à la Jules Verne, mettant en scène des centaines de personnages en pain de sucre (mais résistants au diabète), la série avait pour ambition de s'adresser à tous les publics, partant du principe qu'il n'y a pas de culture « noble » ni de culture « basse » ou de « sous-culture », chacun pouvant donc y trouver « son plaisir particulier ».

Mais quand on parle de Pixi, et bien qu'il n'ait plus sculpté que sporadiquement (mais régulièrement) dès la fin de la deuxième collection Tintin, c'est à Alexis que tout ramène, finalement, comme je m'en suis rendu compte en m'immergeant dans cette histoire. Autrement dit, dans ce coffre aux trésors riche de milliers de pièces précieuses, celles qui brillent d'un éclat particulier, unique portent sa marque directe.

On l'a déjà dit : ce qui fait le style Poliakoff, c'est ce mélange d'ingénuité, de candeur, de malice et de pureté dans le trait. Comme un Sempé est identifiable au premier coup d'œil, une *Poliakoff* se repère au milieu de mille autres figurines, quel que soit le sujet abordé.

Et ils ont été nombreux.
Ce n'est pas tout à fait un hasard si Alexis a commencé par évoquer la Belle Époque, ainsi nommée puisqu'elle représenta cette période de paix, de prospérité et de relative insouciance, si on ne s'appelait pas Dreyfus, bien sûr, entre la fin de la guerre franco-prussienne de 1870 et le début de la sinistre boucherie de 1914-1918. Quel meilleur prétexte pour faire revivre un monde disparu que de le réinventer ? Surtout quand on a été, enfant, un collectionneur passionné de figurines, c'est-à-dire ayant sous la main, littéralement, la matière première pour entretenir le feu de l'imaginaire.
Alexis collectionnait avec enthousiasme toutes sortes de pièces, notamment les légendaires modèles de la marque CBG, référence absolue en la matière puisque fabriquant depuis presque deux siècles soldats de plomb, figurines et dioramas. C'est donc tout naturellement qu'il s'aventura sur ce terrain familier, en s'intéressant davantage à la partie civile qu'à la partie militaire. On l'a dit : Alexis est un pacifiste convaincu ; son théâtre d'opérations, c'est son atelier, pas le champ de bataille.
Mais il s'inscrit dans la tradition bicentenaire, tout en la réinterprétant de sa touche personnelle, comme il fera bientôt avec Tintin. Ses deux premières créations ont pour thème l'art (un atelier d'artiste où se tient une jeune femme nue, pur produit de son imagination car jamais Poliakoff père ne fit poser de modèle dénudé) et le commerce (représenté par une épicerie fine à l'enseigne *Vanille Malilé*), soit un hommage fait aux deux mamelles nourricières des familles Poliakoff et Guénard. L'ensemble comporte une ou plusieurs figurines, avec des accessoires, sur fond de décor.
Bien évidemment, pour ceux qui seraient intéressés, chaque boîte se doit d'être complète. La petite boucherie (c'est un exemple) sans sa tête de cochon se dévalue considérablement, comme l'épicerie perd une partie de son intérêt (comme dans la vraie vie, du reste) si vous égarez le beaujolais.
Tout inspire Alexis : ce qui se passe sous ses yeux, la vie quotidienne dans ce qu'elle a de plus prosaïque, ou un événement céleste comme le passage, si commenté, en 1910, de la comète de Halley. Il faut dire que ladite comète ne se donne en spectacle qu'une fois tous les soixante-seize ans – exemple que devraient s'empresser de suivre bon nombre d'individus. Pour que la boîte, baptisée *La Chasse aux étoiles*, soit considérée comme un objet de collection possible, il lui faut contenir le paysage qui en tapisse le fond – un parc arboré –, le couple d'observateurs, l'astronome à chapeau haut de forme, la lunette astronomique et, bien sûr, la comète elle-même, un instant figée dans son vol astral.

**Atelier de peinture féminin.
Modèle masculin impassible.**

La collection dite « La vie quotidienne » fait honneur aux personnages du réel, qu'ils soient commerçants, play-boys, boy-scouts, pin-up, simple quidams toutes générations confondues, jeunes mariés, psychanalystes, animaux domestiques, cyclistes du Tour de France ou sportifs du dimanche. Le ciel, avec ou sans comète, est la limite.
Mais le sculpteur n'oublie pas ceux qui font le lien entre la terre et le ciel, à savoir le monde des arts. Musiciens, magiciens, danseurs, tragédiens, circassiens, écrivains, peintres... le tout conjugué au masculin comme au féminin : la collection s'élargit, déborde de partout, des arts premiers à Le Corbusier en passant par Erik Satie ou Barbara, sans oublier Roger-Roger, qui suit fidèlement les folles aventures de son maître et créateur.
Depuis 2013 et la fameuse expo du musée Maillol, Alexis continue, à son rythme, à alimenter le fonds Pixi. « Ils m'ont mis à la retraite pour mes soixante-dix ans », plaisante-t-il. Retraite active : s'il se tient à l'écart des licences classiques de la bande dessinée, cela ne l'a pas empêché de compléter des tableaux (*Le Grand Restaurant*, *L'Orchestre*, par exemple) dont les collectionneurs les plus acharnés attendent plus ou moins patiemment les ultimes pièces.
Et de continuer à produire au gré de son inspiration, à laquelle se mêle un fort sentiment grand-paternel, comme en témoigne la collection « Victor et Sacha », destinée à ses petits-enfants, pour qui il a créé des boîtes telles que *La Bataille de Fontenoy* (1745) ou *La Guerre de Troie* (quelque part entre 1344 et 1150 avant notre ère), avec son fameux équidé devenu canidé, évoqué dans un autre chapitre...
Et entre les deux, une série d'objets dont l'inventaire est un pur bonheur : un Jean Paul Gaultier, une barge de débarquement du D-Day (et une douzaine de GI), un voleur de panneau de sens interdit, Cary Grant poursuivi par un biplan agressif dans la célèbre scène de *La Mort aux trousses*, *Le Cri* de Munch, Serge Reggiani à différentes périodes, un Fantômas, Marcel Azzola et son accordéon, une cinquantaine de spectateurs, ou Brigitte Bardot dans *Et Dieu... créa la femme*.
J'en oublie certainement, mais la liste n'est pas close, et comme les histoires sont faites pour être reprises et à nouveau contées, il n'est pas exclu que paraisse un de ces jours un ouvrage cosigné par celle qui reprend le flambeau Poliakoff, Sacha (collages, dessins, peintures et aquarelles), dont le prénom commence à sérieusement circuler dans le petit monde de l'art, et par son Alexis de grand-père.
Le prétexte ? L'irruption, dans la famille, d'un bull-terrier noir et blanc venant semer la zizanie en pleine reconstitution de la bataille de Fontenoy (encore elle, toujours 1745).
À suivre...

Spectacle pour enfants à l'ère pré-écrans.

L'univers des Civils, où traînent quand même quelques uniformes.

Double page suivante
Un monde qui gagne à être inspecté à la loupe.

Sécurité renforcée après le vol
des bras de la *Vénus*.

BOUCHERIE

Boutique Pixi typique, à l'ère pré-végane.

Après les nourritures terrestres, les spirituelles.

Double page suivante
Visite au musée : rencontre avec une œuvre de Jean Chauvin.

Les bains canins.

Le dîner de têtes : une tradition qui se perd.

Fenêtre sur cour : la dolce vita.

Double page suivante

La (belle) échappée, et son époux.

À quatre épingles (de plomb)

La magie des modèles cachés dans du papier bulle.

Jean Paul Gaultier revisité.

À tout effet il faut, paraît-il, une cause.

Prenons par exemple, comme cause, l'univers de la mode, et plus particulièrement celui des créateurs et de la haute couture. Flamboyant, éphémère, extraverti, spectaculaire, excessif, en un mot comme en mille : plus large que la vie. En 1986 est inauguré, dans les murs du Louvre, le musée des Arts de la mode.

Voici l'effet : cet univers séduit nos deux héros, Alexis et Philippe-Antoine, qui, sans aller jusqu'aux excès des *fashionistas* d'aujourd'hui, affichent tous deux une élégance costumière incontestable. Le hasard, toujours lui, fait que Philippe-Antoine collabore étroitement, à l'époque, avec la conservatrice du département Jouets du musée des Arts décoratifs, en vue de rééditer des jeux de société anciens. C'est là qu'il entend parler du musée des Arts de la mode et que l'idée lui vient de proposer une série Pixi axée sur l'histoire de la haute couture. Le projet plaît. Ne reste plus, comme toujours, qu'à le réaliser, autrement dit obtenir l'aval des créateurs et des grandes maisons, autrement dit des licences.

Un détail.

Certes, Alexis a déjà fabriqué une boîte hommage à Paul Poiret, l'un des maîtres de la mode Art déco. On y découvre le créateur dans son salon, soumettant à une cliente confortablement installée sur une bergère – un chien (mais pas de berger) à ses pieds – trois modèles de sa collection des années 1920. L'écrin a pour titre *Le Choix difficile* et il l'est, y compris aujourd'hui pour les collectionneurs qui le recherchent passionnément.

Philippe-Antoine, de son côté, obtient un feu vert virtuel du futur musée. Il s'agit de la liste complète des contacts, des différentes maisons de couture, réunies en une très officielle Chambre syndicale de la mode et de la haute couture. La couture, je me fais cette réflexion au passage, étant donc, contrairement aux marées, soit haute, soit étale, mais jamais basse.

Le pétulant et vingtenaire entrepreneur prend alors son bâton de pèlerin et, chevauchant son Vélosolex, se met à arpenter les rues de Paris, passant de grande maison en grande maison pour y porter la bonne parole pixienne.
Le premier qu'il réussit à convaincre est Jean Demouy, de chez Jean Patou ; celui-ci lui ouvre les archives de la maison et lui présente le jeune créateur qui a repris le flambeau et déchaîne les passions, le bien nommé : Lacroix, Christian de son prénom. Leur choix se porte sur un modèle des Années folles, un *mash-up* étonnant de Pierrot lunaire et de femme-girafe birmane. La première figurine de ce qui va devenir une collection d'une soixantaine de pièces vient de voir le jour.
Et c'est l'effet domino.
Les unes après les autres, les grandes maisons se voient couronnées, de la main même d'Alexis, de leur ou leurs modèle(s) fétiche(s). Chacune a droit à sa petite boîte rouge, avec logo et miroir. Pierre Balmain, Ungaro, Courrèges, Lagerfeld, Sonia Rykiel, Chantal Thomass, Lacroix évidemment, Jean Paul Gaultier ou Paul Smith.
Liste non exhaustive et encore moins limitative, même si l'on remarque l'absence de Cardin, qui avait posé comme condition d'avoir 60 figurines à lui seul dédiées, exigence irréaliste qui eût compromis la santé de notre sculpteur.
Alexis a bien entendu sa petite préférée, et c'est naturellement la robe *Poliakoff*, dessinée par Yves Saint Laurent – que les peintres inspirent manifestement, après Picasso et Mondrian. Mais à toutes il apporte la même attention, la même délicatesse qu'aux autres personnages, Civils, artistes ou issus de l'univers d'Hergé, et l'âme la plus trempée, le cœur le plus sec, le mercenaire le plus wagnérien ne saurait rester insensible en observant par exemple le modèle *Dior 1947*, dont la beauté simple et naïve n'est pas sans rappeler les Tintin des deux premières collections.
Tout comme on s'esbaudira des prouesses techniques convoquées pour réaliser la robe *Oursons* de Castelbajac, la *Mariée* de Chantal Thomass, celle de Saint Laurent ou la *Suerte* tout en voilettes de Lacroix.

Jean-Louis Scherrer, été 1987 (détail souriant).

Dalmatien et dalmatienne.

Karl Lagerfeld photographe.

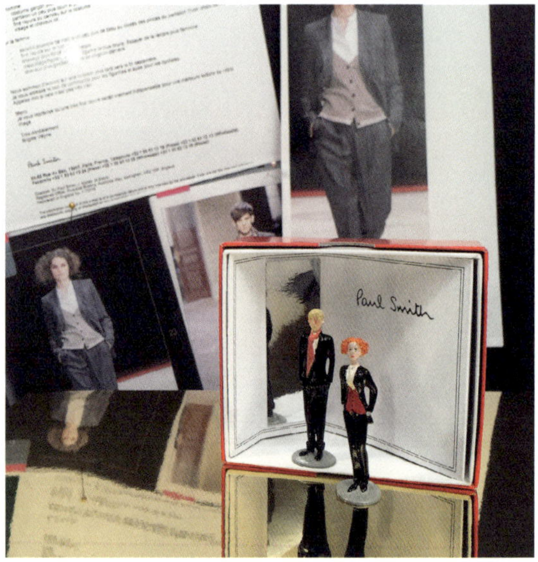

Des boîtes personnalisées : Popy Moreni, Paul Smith, Pierre Balmain et Hervé L. Leroux.

Grand défilé.

Anthropopixie

On prête mille vertus aux Pixi. Ils réconfortent, réjouissent, rassérènent, rassurent, mais même leur plus ardent zélateur ne se risquerait pas à leur attribuer le pouvoir médiumnique de passerelle entre notre monde et l'autre (pour autant qu'il existe).

Était-ce cela qu'avait en tête Alexis, bien qu'il s'en défende, quand l'idée lui vint de créer cette collection de statuettes *kachinas*, dont l'extravagante beauté ne peut laisser insensible ? Il vous dira que non, qu'il ne faut pas aller chercher si loin, que c'est en visitant une exposition qu'il découvrit leur existence. Tombant nez à nez avec ces statuettes amérindiennes, il fut frappé par l'évidence, et se fit *in petto* la célèbre réflexion du commissaire Bourrel : « Bon sang, mais c'est bien sûr… » Après tout, Pixi avait déjà rendu visite à l'art africain, pourquoi ne pas aller faire un tour de l'autre côté de l'Atlantique ?

Rappelons rapidement à tous ceux qui ne sont pas férus d'anthropologie, à commencer par l'auteur de ces lignes, que les kachinas sont d'abord des représentations, sous forme de tenues et de masques flamboyants, des esprits de la mythologie amérindienne chez les Hopis et les Zunis, deux tribus du Nouveau-Mexique et de l'Arizona. Ces costumes rituels étaient portés par des chamans qui dansaient pour attirer la bienveillance des esprits du monde invisible, esprits du feu, de la pluie, des éléments d'une manière générale.

Des poupées étaient sculptées à leur effigie pour habituer les enfants à la spiritualité, au symbolisme et à la magie. Les Hopis et les Zunis (pas les États, la tribu) pensaient qu'il existe autant d'êtres surnaturels qu'il y a de nuages dans le ciel, et qu'il fallait entretenir avec eux les meilleurs rapports

pour obtenir la faveur des pluies tant espérées. Alexis fait d'ailleurs remarquer, avec cet esprit qui le caractérise (que j'aurai beaucoup invoqué pour les besoins de ce livre), qu'il fit l'acquisition à la galerie *Flak* d'une des statuettes obstinément recherchées ! Dada en raffolait, André Breton les collectionnait avec passion, sensible à leur évidente charge onirique, Max Ernst aussi, et Chagall s'inspira de la kachina à la tête en forme de courge, la *Patung*, pour l'une de ses œuvres.
Une belle et prestigieuse compagnie qui en dit long sur l'attrait magnétique que peuvent exercer ces poupées initiatiques depuis leur découverte à la fin du XIXe siècle.
Chez Pixi, les Kachinas, fidèlement réinterprétées par Alexis, constituent une petite collection de seize sujets dont la contemplation suscite un pur émerveillement. Leurs noms sont déjà une invitation au rêve et un défi pour les correcteurs et les correctrices : Puch Kofmok'taka, Avach Hoya, Sakwa Hu, Palihik Mana ou Saiastasana, par exemple.

Quant aux figurines elles-mêmes, c'est une explosion de formes, de couleurs et d'imaginaires, qui semblent concentrer encore davantage les pouvoirs des poupées originelles. Si les Pixi classiques touchent, amusent, émeuvent, les kachinas *pixisées* ajoutent une touche envoûtante de sacré. On regarde ces créatures issues d'un monde auquel nous n'avons pas accès, d'un autre œil, avec un léger frisson d'inquiétude. Elles ne sont pas nées de l'observation du quotidien ou de l'imagination d'un dessinateur. Elles viennent d'ailleurs, et après un long voyage traversé par les visions et les transes d'un peuple dont la survie, comme la nôtre, dépendait de l'eau du ciel, elles se retrouvent aujourd'hui au creux de nos mains.

La moitié de la collection kachina. Particularité : chaque exemplaire est signé par Alexis, sous le socle.

AVEC LES
MEILLEURS
VŒUX DE

Le petit reporter (aux semelles de plomb)

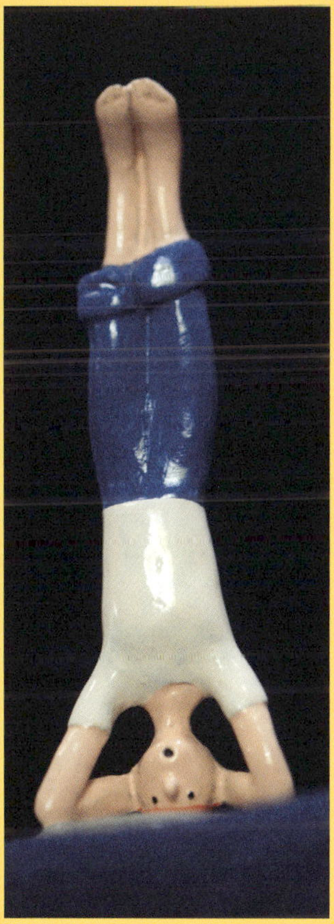

Parce que Hergé aimait Poliakoff (père) tandis que Poliakoff (fils) vénérait Hergé, il était naturel que le second, qui avait entrepris de miniaturiser le monde, fût tenté d'inclure à la famille naissante de ses figurines quelques personnages clés des aventures du célèbre reporter.

Hergé avait inventé la ligne claire, et rien n'était plus important pour Alexis que la clarté des lignes. Hélas, le maître belge était passé de vie à trépas, début 1983, soit une petite année après le démarrage de Pixi, et même si Alexis avait eu le temps d'entamer une correspondance amicale avec lui, au prétexte de répertorier en Belgique les œuvres de son père – disparu, lui, en 1969 – dont Hergé possédait quelques exemplaires, sa mort avait brutalement interrompu leurs liens.

Désormais, une fondation le représentait et, très naturellement, le désir d'Alexis Poliakoff de sculpter les personnages qui l'accompagnaient depuis toujours fut validé par les ayants droit. Il ne s'agissait pas d'une licence au sens traditionnel du terme, soit la reproduction fidèle et rigoureuse des caractères. Ce qui comptait davantage aux yeux de Jean-Manuel Duvivier, représentant de la fondation, c'était la vision d'Alexis du monde d'Hergé, cette interprétation, ce léger pas de côté qui faisait toute la différence. Sans doute avait-il été touché par un saisissant diorama figurant Tarzan sautant de liane en liane et filmé par un reporter en culottes de golf.

Il se trouve par ailleurs qu'un autre sculpteur, ami d'Alexis, Michel Aroutcheff, s'était occupé de transformer en objet, et avec un succès fracassant, la célébrissime fusée à damier rouge et blanc d'*Objectif Lune*. Aroutcheff s'était fait une spécialité de fabriquer des modèles réduits de véhicules issus (notamment) de l'univers Tintin, et il était évident que ces

maquettes auraient gagné à avoir à leurs commandes le héros cynophile. Il travaillait alors sur la voiture utilisée par ce dernier lors de son séjour en Amérique (un taxi, lui aussi à damier) et il proposa à Alexis de fournir les personnages : Tintin, Milou et le chauffeur du véhicule en question. Un objet à rajouter à la convoitise des *tintinophiles* pixiens, parmi les 376 figurines (et 142 boîtes) produites entre 1988 et 1996.
Il me faut rappeler ici que Tintin vit le jour en 1929, que ses premières aventures (*au pays des Soviets*) furent publiées dans le supplément jeunesse du journal belge *Le Vingtième Siècle* et, en France, en 1930, dans le très catholique magazine français *Cœurs vaillants*. Si j'évoque cette naissance, c'est que mon propre père avait alors une bonne dizaine d'années, et que quelque temps plus tard, après la guerre, il devint, à son tour, ce reporter globe-trotter toujours flanqué de son chien. Si j'ajoute que son meilleur ami, médecin de son état, n'était jamais hostile au réconfort d'un petit whisky, qu'il était passionné d'opéra, tout comme la Castafiore, et également convaincu, à tort, d'en maîtriser les subtilités, on conviendra que les points de convergence sont plus que troublants. Tout naturellement, j'ai donc grandi en suivant en parallèle les aventures du petit reporter belge et celles de mon insaisissable géniteur.
Certes, il y a beaucoup plus de femmes dans la vie de mon père que dans celle de Tintin, et les dangers qu'ils encoururent sont difficilement comparables. Tintin s'est retrouvé nez à nez avec « l'abominable homme des neiges », quand mon père se contenta de subir les humeurs de différents directeurs de programmes, au derme irrité par la liberté de ses commentaires. Mais tous deux savaient, ainsi que le disait si bien Saint-Exupéry, que l'important n'est pas d'arriver, mais de partir, ou plus précisément « d'aller vers »...
Allons vers Tintin, et revenons-en à Alexis.

Les Milou aboient...
la caravane passe.

Le Congo hors piste.

1325

LES AVENTURES DE
TINTIN
VUES PAR PIXI

Poliakoff junior a donc baigné dans Hergé, comme Tintin a marché sur la Lune. Avec la distance d'une imagination visuelle et rêveuse, en mettant à portée de main un ailleurs (jusqu'alors) intouchable.
Lors de mes nombreuses conversations avec les *pixophiles*, voire certains *pixolâtres*, j'ai remarqué à quel point les deux premières collections Tintin signées Alexis, davantage encore que n'importe quelle figurine inspirée d'Hergé, étaient citées comme des références indépassables. Non seulement en raison des cotes folles qu'elles atteignent dans les salles des ventes, mais surtout pour la patte Poliakoff, ce petit je-ne-sais-quoi qui fait toute la différence et le charme. Ce qui ne va pas sans une certaine ironie, vu que les *tintinophiles* et autres *tintinolâtres* crièrent d'abord au blasphème, en 1988, en découvrant leur idole aussi librement réinterprétée. On ne se méfiera jamais assez des puristes, et cela dans tous les domaines.
Alexis passa la main à la fin de la deuxième collection. Une troisième vit le jour, sans lui, alors qu'il partait s'intéresser de plus près à Blake et Mortimer, peu après la disparition d'Edgar P. Jacobs...
Les aventures de Tintin et Pixi allaient continuer, s'interrompre, pour reprendre de plus belle après accord avec le label Moulinsart, commanditaire de séries spéciales vendues dans d'élégantes boîtes bleues fabriquées par les ateliers Pixi, histoire de compliquer encore un peu la tâche des collectionneurs.
Si, par le plus grand des hasards, votre route devait croiser celle de Tintin et Milou à bord du demi-requin – je précise bien « demi » – qu'il pilote dans *Le Trésor de Rackham le Rouge*, soyez assez aimable pour le mettre de côté, et le signaler à mon éditeur. Qui transmettra...
Et méfiez-vous des contrefaçons.

Tintin, c'est pagaie.

L'oreille est cassée, mais l'œil observe...

Double page suivante
Méli-mélo de Mitsuhirato.

Les Dupond/t en apesanteur.

Parés pour la manœuvre.

La magie Uderzo

« Ils sont fous ces pixiens ! » Pas besoin d'être Astérix pour se faire la réflexion, en voyant la frénésie productive qui s'empara de la maison, en hommage au travail de René Goscinny et d'Albert Uderzo. « Ils sont fondus », aurais-je ajouté sans scrupule, dans l'espoir de faire sourire le lecteur, considérant l'alliage de plomb et d'étain dont sont constituées les figurines.

Et pourtant, Albert Uderzo n'était pas, dans un premier temps, farouchement partisan du métal. Les différentes techniques alors en cours ne lui semblaient pas suffisamment abouties pour reproduire fidèlement la dynamique de ses personnages. S'il accordait une troisième dimension à ses créations, il préférait les imaginer en plastique, qui s'avérait plus maîtrisable, se prêtant mieux à une fabrication en série, en plus grosses quantités et à meilleur prix. Quitte à sous-traiter avec l'empire du Milieu...

C'était compter sans deux éléments décisifs : la force de conviction et l'opiniâtreté de Philippe-Antoine, et les prouesses techniques atteintes par les sculpteurs des ateliers de Lison, au fin fond du Calvados, dès les premières figurines – et pas des plus simples : *Astérix, Obélix et Idéfix sur le tapis volant* et le célèbre *Coup de poing d'Obélix*, qui lui permet d'envoyer un malheureux soldat romain aller voir là-bas s'il y est.

À chacune de ses visites dans les bureaux d'Uderzo, aux Éditions Albert René[1], notre entreprenant entrepreneur ne manquait jamais d'apporter un nouveau modèle, et la magie de l'objet finirait par convaincre tout à fait Albert Uderzo.

Certes, la collection en plastique poursuivait son petit bonhomme de chemin, avec d'autant plus de bonheur que le Parc Astérix, ouvert en avril 1989, réclamait avec insistance de la marchandise en grande quantité. Mais Philippe-Antoine avait un argument aussi percutant que le marteau de Cétautomatix, le forgeron irascible du village, pour achever de persuader le dessinateur : puisque le grand public y trouvait son compte, il était temps de s'intéresser aux collectionneurs et de réfléchir ensemble aux idées les plus folles. Les premiers modèles Astérix faisaient partie de la série Origine, d'une hauteur de 6 centimètres pour un poids de 125 grammes, créée

1 Dirigées alors par Sylvie Uderzo.

par Alexis en 1983[2]. Aussi, quand Philippe-Antoine suggéra un village gaulois, format Mini, au sein duquel se déroulerait le traditionnel banquet, en édition limitée (500 exemplaires signés), soit un total de 244 pièces différentes, Uderzo s'emballa-t-il pour ce projet dément et pharaonique (bien que gaulois).

Le fameux village fut un véritable tournant dans la relation entre Albert Uderzo et Pixi. C'était une licence, cela devint une passion, l'ouverture sur une nouvelle dimension, quasi parallèle d'un univers qui pouvait passer du gigantisme (le Parc) à l'infiniment petit (les micro-Pixi) sans égarer en chemin ce qui constituait son ADN profond : l'imagination, le jeu avec la réalité historique, l'humour.

Avec Astérix, Pixi lâcha littéralement les chiens, enfin… Roger-Roger. Des dizaines de figurines virent le jour, puisant dans la riche saga des deux Gaulois moustachus, en repoussant toujours les limites du genre, comme par exemple *Astérix, Obélix, Idéfix et Pourquoipàh sur l'éléphant*, *La Galère des pirates*, *La Salle du trône de Cléopâtre*, etc., jusqu'à l'apothéose de la photo de famille d'Astérix, réunissant sur des gradins tous les personnages, histoire de célébrer le cinquantième anniversaire du petit héros (né, rappelons-le, en 1959), et du double hommage aux soixante ans de carrière d'Uderzo, conviant tous les différents héros nés de la plume de l'artiste à venir trinquer avec lui.

Deux pièces maîtresses qui figurent en bonne place dans le bureau d'Albert Uderzo, au milieu des innombrables trophées, la photo de famille, éditée à l'occasion du cinquantième anniversaire, ayant même eu droit à un décor champêtre peint par l'auteur en personne.

Non pour faire le malin, mais comme j'ai eu le bonheur et le privilège d'être admis dans le saint des saints, hélas en l'absence (définitive) de Dieu lui-même, je voudrais profiter de ces pages pour dire quelle épiphanie j'éprouvais en cet instant précis, au cœur de la matrice d'un auteur dont j'ai, très tôt, commencé à suivre l'aventure graphique, avec Oumpah-Pah, Tanguy et Laverdure et, bien sûr, Astérix. Albert Uderzo brille au panthéon de mes auteurs de l'âge classique, aux côtés de Franquin, Giraud et Gotlib, sans oublier Cabu et Sempé. Et ce studio déserté me rappelait brutalement que ce monde qu'ils avaient tous, chacun à sa manière, réenchanté, devait désormais se résigner à tourner sans eux, sans le réconfort qu'ils avaient apporté à l'enfant des années 1950 que j'avais été, et au jeune vieillard que j'étais devenu.

Cette photo de famille, c'était un peu la mienne et celle des millions de lecteurs d'*Astérix*, et s'y trouvaient réunis, dans un arrêt sur image en trois dimensions, tous les personnages

La colonne Uderzo (à ne pas confondre avec la colonne Morris).

Goscinny au pied de l'obélisque en hommage à ses batailles.

2 N'oublions pas, pour embrouiller un peu les choses, que les Pixi existent, mais évidemment pas tous, en cinq formats : Micro (1,5 cm, 1 g) ; Mini (3 cm, 12 g) ; Origine, donc ; Classique (7,5 cm, 260 g) et Ronde-Bosse (17 cm, 950 g).

SECOUONS-NOUS LES MAINS !...
SOEUR !!! RETENEZ-MOI OU JE LE TUE, LUI ET SES IMBÉCILES !
KAN-TAN-PLAN !! LE CHIEN LE PLUS STUPIDE QUI AIT JAMAIS EXISTÉ !...
PARFAITEMENT ! JE SUIS TOMBÉ DEDANS QUAND J'ÉTAIS PETIT !
AMARRES LARGUÉES !
TU ES SUSCEPTIBLE, TOI... TU ME PLAIS.
HA!
PAR-CE-QU'IL-Y-A-DES-NOR-MAAAANDS !
?!?
PAF !
LES GAU... LES GAUGAU...
...TOUS LES ÉTÉS, LES TIBÈRES DEVIENNENT PLUS RUDES !
LUCKY LUKE
PAR ODIN !
PARTONS !
...VERTÉBRÉS AQUATIQUES, DE L'ORDRE DES BOUILLABAISSES...
- Nous sommes en 50 avant Jésus-Christ. Toute la Gaule est occupée par les romains… Toute ? Non ! Un village peuplé d'irréductibles gaulois résiste encore et toujours à l'envahisseur. Et la vie n'est pas facile pour les garnisons de légionnaires romains des camps retranchés de Babaorum, Aquarium, Laudanum et Petibonum…
«Quand j'ai entendu dire : "le métier de scénariste, c'est à la portée du premier imbécile venu", j'ai compris que j'avais trouvé ma voie. »

ASTÉRIX LE GAULOIS
LA SERPE D'OR
ASTÉRIX ET LES GOTHS
ASTÉRIX GLADIATEUR
LE TOUR DE GAULE D'ASTÉRIX
ASTÉRIX ET CLÉOPÂTRE
LE COMBAT DES CHEFS
ASTÉRIX CHEZ LES BRETONS
ASTÉRIX ET LES NORMANDS
ASTÉRIX LÉGIONNAIRE
LE BOUCLIER ARVERNE
ASTÉRIX AUX JEUX OLYMPIQUES
ASTÉRIX ET LE CHAUDRON
ASTÉRIX EN HISPANIE
LA ZIZANIE
ASTÉRIX CHEZ LES HELVÈTES
LE DOMAINE DES DIEUX
LES LAURIERS DE CÉSAR
LE DEVIN
ASTÉRIX EN CORSE
LE CADEAU DE CÉSAR
LA GRANDE TRAVERSÉE
OBÉLIX ET COMPAGNIE
ASTÉRIX CHEZ LES BELGES
LE GRAND FOSSÉ
L'ODYSSÉE D'ASTÉRIX
LE FILS D'ASTÉRIX
ASTÉRIX CHEZ RAHÂZADE
LA ROSE ET LE GLAIVE
LA GALÈRE
ASTÉRIX ET
ASTÉRIX ET LA RENTRÉE
LE CIEL LUI TOMBE SUR

malicieux, bravaches, rigolards, vindicatifs qui causaient ma joie depuis si longtemps. Je fus saisi d'un mélange de bonheur et de tristesse, d'une douce et tenace mélancolie dont je m'efforçais de ne pas faire peser le poids sur mes hôtes.

Mais le double charme de la potion magique d'Astérix, revue et corrigée par Pixi, mise en scène et en perspective par Albert Uderzo *himself*, venait d'opérer à nouveau en moi, comme s'il m'envoyait un de ses célèbres clins d'œil pour me confirmer que j'étais sur la bonne voie (romaine).

La visite de son bureau, comme celle de l'appartement d'Alexis, de la maison-atelier de Philippe-Antoine, de la boutique de la rue de l'Échaudé, de l'atelier de Lison – j'ai par ailleurs une sœur qui s'appelle Lison et qui possède un atelier d'où sortent d'autres merveilles, en marqueterie de paille –, tout cela a fait partie d'un parcours plus ou moins fléché, plus ou moins initiatique pour tenter d'approcher au plus près le mystère Pixi, à défaut d'en trouver la clé (à ce stade-là, on peut même parler de trousseau…). Ce bureau, en tout cas, non pas celui de l'avenue Victor-Hugo, où Philippe-Antoine venait soumettre pour validation les projets dits « hors norme », comme par exemple cette colonne de bronze empilant les uns sur les autres quelques-uns des personnages d'*Astérix* (il y a une version pixienne polychrome), une sculpture prenant quelques libertés *rodinisantes* par rapport à la clarté de la ligne de la BD. Une idée qu'Uderzo accueillit avec enthousiasme mais qui ne put, hélas (voilà un nouveau graal pour les collectionneurs), faute de temps, se concrétiser.

Il en existe un modèle unique, que j'ai pu approcher… et même toucher, ce qui a aussitôt permis à mon psy traitant d'affiner son diagnostic en m'annonçant, jovialement : « Quelques années de plus sur le divan ! »

La pièce (montée) est surprenante, en ce sens qu'elle est loin, à des années-lumière de la ligne Poliakoff des débuts. C'est un métal brut, sculpté virilement, sans fioritures, qui donne à la création d'Albert Uderzo une dimension presque lyrique, même si l'on considère qu'en fin de compte, elle représente des Gaulois empilés sur d'autres Gaulois, célébrant *une certaine* (et triomphale) *idée de la France*.

Il est difficile, voire impossible, de dissocier Uderzo de Goscinny, René de son prénom, son génial ami et partenaire pendant plus d'un demi-siècle, par ailleurs père putatif d'une joyeuse portée comprenant le Petit Nicolas, Iznogoud, Lucky Luke, Oumpah-Pah et quelques Dingodossiers pour faire bonne mesure.

René Goscinny aimait Albert Uderzo : « Il est capable de dessiner clairement, et avec talent, n'importe quoi, jusqu'à, et y compris, un combat de pieuvres dans de la gelée de groseille. » La réciproque est vraie, c'est le moins qu'on puisse dire, et ils créèrent à quatre mains un duo de comédie au succès inaltérable, résistant à tout, aussi bien à la disparition du premier qu'à celle du second.

Goscinny lui-même méritait les honneurs d'une *pixisation*…

Obélix tailleur sur mesure.

La rencontre improbable entre Astérix et Oumpah-Pah.

L'équitation selon Obélix.

Idéfix jonglant avec son menhir.

Double page précédente
Chef-d'œuvre pixien : la tortue romaine dite « au soldat inquiet ».

La photo de famille d'Astérix, mise en scène par Uderzo en personne dans son bureau.

UDERZO

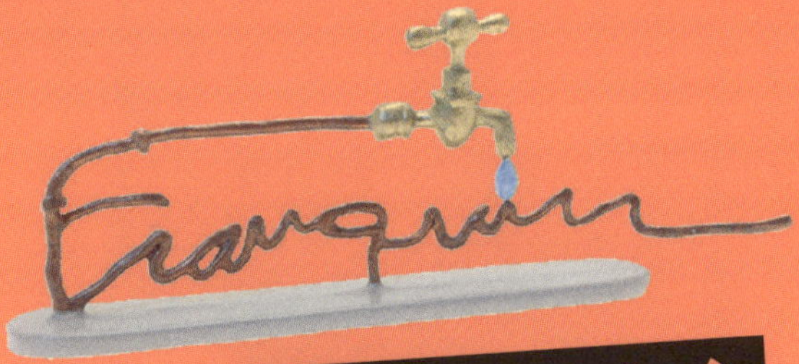

(ce génie)

Sans doute qu'un des innombrables mérites de Franquin fut de m'avoir, *à l'insu de son plein gré*, ouvert les portes de l'univers merveilleux de Pixi, puisque, ainsi que je le racontais en ouverture, c'est le plus fortuitement du monde que je tombai un jour nez à nez (et Dieu sait si le sien est proéminent) sur Gaston, poursuivi par une maman crocodile. Sans doute aussi qu'à l'instar d'à peu près tous les gens fréquentables de mon entourage, je m'étais depuis longtemps reconnu dans le légendaire traîne-espadrilles qui promène nonchalamment sa subversion passive dans de multiples et casaniers épisodes de bande dessinée.

Pour dire les choses simplement, il était beaucoup plus facile pour un jeune garçon dans mon genre de m'identifier à un anti-héros comme lui plutôt qu'à l'intrépide reporter belge en culottes de golf ou à l'emblématique petit Gaulois au casque à ailettes (qui fit naître, par ailleurs, mon goût précoce et enfumé pour les Gauloises sans filtre). Les aventures des deux étaient trop lointaines dans le temps et l'espace.

Gaston était mon contemporain, avec son jean à revers, son col roulé vert moulant rétréci au lavage, sa frange néo-Beatles, sa bécane de la marque Sapetoku, son amour de la musique qui fait saigner les oreilles et, bien sûr, ses amoncellements de livres finissant par créer de véritables labyrinthes.

« L'État, c'est moi ! » lançait en toute simplicité, et à la cantonade, le Roi-Soleil. « Gaston, c'est moi ! » pourrais-je lui répondre en écho. Cossard, procrastineur, distrait, maladroit, ami des chats (et des animaux en général), victime de phobie administrative, utopiste, rêveur, à côté de la plaque, rétif aux règlements absurdes ainsi qu'à l'autorité (avec ou sans képi), amoureux transi, indifférent aux modes, j'ai l'impression de voir Gaston (en moins drôle) quand je me regarde dans la glace.

Rien de plus naturel, donc, que ce petit coup de foudre entre ma pomme et sa figurine en plomb (même si ce métal-là est aussi mauvais conducteur que Gaston).

Tout comme l'adéquation parfaite, *fusionnelle*, pourrait-on dire, puisqu'il est question de métal, entre le monde de Pixi et celui d'André Franquin. Quel cousinage évident entre le côté lunaire et poétique d'un Alexis Poliakoff (qui, paradoxalement, ne sculpta jamais de Gaston), l'imagination délirante,

déraisonnable, obsessionnelle d'un Philippe-Antoine et la folie inventive (avec son cortège d'angoisses) d'un Franquin ! Un Franquin dont la production – dois-je vraiment le rappeler – est loin de se limiter au seul Gaston.
Spirou, Fantasio, le Marsupilami, les *Idées noires*, tous eurent droit aux honneurs d'une *pixisation*, et Franquin, comme Uderzo ou Jacques Rouxel avec ses Shadoks, par exemple, manifesta un vif intérêt pour cette nouvelle forme que prenaient ses personnages, jusqu'alors d'encre et de papier.
« Ça l'amusait énormément ; Pixi, ce fut, entre Philippe-Antoine et lui, la rencontre de deux passionnés perfectionnistes, décidés autant à jouer qu'à ne jamais rien lâcher », confie Jean-François Moyersoen, ami de très longue date de Franquin et créateur de Marsu Prod, qui entreprit des rééditions somptueuses de ses travaux graphiques avec, évidemment, Gaston en fer de lance, ou bien des séries limitées au sein même des collections (comme une licence dans la licence, syndrome Vache qui rit®) : par exemple, Gaston déguisé en Marsupilami, ou en hanneton.
Ce qui résume toute l'histoire, c'est que, bien entendu, aujourd'hui, le Gaston voleur d'œufs de crocodile trône en bonne place sur les étagères du domicile familial. Il a cette insigne faculté, par rapport à toutes les figurines qui l'ont rejoint par la suite, de toujours me rappeler que c'est lui le déclencheur de cette douce folie qui m'a poussé à en disposer depuis un peu partout, au gré de l'inspiration, jusque sur ma table de nuit où se pavane un Petit Nicolas me tendant en souriant son lapin en pâte à modeler. Il veille sur moi tandis que je m'endors aux côtés de ma Pimprenelle.
Oui, j'en suis là.

Spirou porteur de valises.

Gaston, cornac en espadrilles.

L'infâme Zorglub, signant l'air.

Double page suivante

Spirou et le Marsu cherchant leur chemin dans une forêt de bougeoirs.

Le gros pif, point commun entre Gaston et le Marsupilami.

Pour revenir à Franquin, en l'honneur de qui j'avais baptisé mon magazine « Houba-Houba », bien entendu avec son accord, au sein des *Enfants du rock*, quelque part dans les années 1980, mon grand regret – il en faut – sera toujours de n'avoir pu lui faire part de mon admiration et lui signifier l'influence de son travail sur moi. Philippe-Antoine eut cette chance, et nos conversations à ce sujet me permirent de vivre par procuration, d'une certaine manière, ce rendez-vous raté. J'aurais adoré discuter avec lui comme eut la joie de le faire l'excellent Numa Sadoul, en 1985, pour un livre d'entretiens qui reste une référence absolue[1].

J'aurais surtout adoré voir sa tête lorsqu'il a découvert Gaston, Spirou, Fantasio, Mlle Jeanne, Mesmaeker, Champignac, Zorglub et bien évidemment le Marsupilami comme sortis par magie des cases, dans une échelle proche de ses dessins. D'autant plus qu'il se méfiait comme de la peste de toute forme d'adaptation de son travail, animée ou simplement sonore.

Il avait été échaudé plusieurs fois par de grossières reproductions en plastique de ses personnages, au cours des années 1970, ce qui le faisait considérer l'envahissant (et de plus en plus incontournable) *merchandising* avec méfiance et circonspection. Une seule avait trouvé grâce à ses yeux, dit-il à Philippe-Antoine lors de leur premier rendez-vous. Il s'agissait d'un Marsupilami en latex de petite taille, dont la queue flexible permettait de l'enrouler autour des rétroviseurs. On imagine le tableau (de bord). Mais sa femme de ménage, croyant bien faire, l'avait passé sous l'eau pour le dépoussiérer. Catastrophe !

Le latex n'aime pas l'immersion, et le Marsu ne ressemblait plus à rien. Aussi Franquin, en découvrant le savoir-faire Pixi, reprit-il confiance.

Et s'émerveilla de retrouver son petit monde fondu dans le plomb sans y avoir perdu son âme. Tout Franquin ou presque (il manque notamment Modeste et Pompon) y défile, surtout Gaston, bien sûr, et jusqu'aux signatures de l'artiste. Rappelons que Franquin s'amusait, dès Gaston, à parapher ses bas de page en signant chaque planche de manière unique, généralement en écho avec le contenu de ladite planche. Une originalité qui ne pouvait échapper à Pixi, qui s'empressa d'en éditer (34, si mes comptes sont bons), grâce aux bons soins d'un chef d'atelier de l'époque : il venait du monde de la joaillerie et réussit le tour de force, en un alliage de plomb, d'étain et de bronze, d'en reproduire les plus folles. Elles portent toutes autant de noms qui feront rêver les franquinistes : *Franquin chaussure*, *Franquin yeux tristes*, *Franquin panneau routier*, *Franquin boule de bowling*, *Franquin poêle à crêpe*, *Franquin queue de chat*...

De quoi chasser les *idées noires*...

---

1 *Et Franquin créa la gaffe*, éditions Glénat.

Double page précédente
Gaston, père du tachisme qui tache.

Spirou dans le monde des bulles.

Lagaffe lecteur de *Gaston*.

Le rêve de tout collectionneur d'autographes, notamment ceux de Franquin.

Gaston et la bibliothèque idéale.

Double page suivante
Petit moment de détente en boutique.

Poor lonesome (but Lucky) cow-boy

J'avoue avoir un faible pour Lucky Luke et tout son petit univers dont, là encore, René Goscinny est largement responsable. Évidemment, je pense avoir lu l'intégrale, y compris les albums repris par Achdé après la disparition de Morris, jusqu'aux plus récents, scénarisés par Jul (après Laurent Gerra, Tonino Benacquista et Daniel Pennac), ainsi que les variations sur le thème à la Mathieu Bonhomme.

Il y a quelque chose, dans le détachement flegmatique du cow-boy solitaire, qui me touche énormément. J'ai même poussé le bouchon plus loin, comme dirait Bison Futé, en lui prêtant ma voix, le temps de 52 épisodes, dans la série animée de 2001 *Les Nouvelles Aventures de Lucky Luke*, mise en musique par Ramon « Il a pas peur de personne » Pipin, légendaire leader d'Au bonheur des dames – le groupe, pas le magasin –, qui s'était rendu célèbre en parodiant le rock et les yéyés, comme Morris et Goscinny avaient bousculé – gentiment – les codes du western.

Je me sens d'autant plus proche du fumeur repenti qu'il croise régulièrement la route d'imbéciles plus ou moins malveillants dont notre monde est littéralement farci. De la crétinerie réjouissante d'un Rantanplan à la stupidité rageuse d'un Joe Dalton, en passant par l'obséquiosité liquide de Formol, le croque-mort, rien n'entrave la marche sereine de Lucky Luke, calée sur le pas de son Jolly Jumper – seul cheval de la création doté du sens de l'humour. Les deux se promènent avec une nonchalance qui est une philosophie de l'existence.

On l'aura compris : Lucky Luke est *cool*.

Les statues édifiantes de cavaliers prestigieux, souvent immortalisés dans des postures héroïques, consolent parfois le promeneur de l'impersonnel mobilier urbain, pour la plus grande satisfaction des pigeons (*sic transit gloria mundi*). Il manque un Lucky. Au choix, celui qui s'éloigne vers le soleil couchant en fredonnant sa célèbre ritournelle, ou bien celui qui partage une crise de fou rire avec Jolly. En attendant qu'on se décide à déboulonner, par exemple, la statue de je ne sais quel obscur général de la IIIe République pour la remplacer par l'un des deux modèles susnommés (ce qui redonnerait le sourire aux écoliers les plus moroses), il est possible, pour les amateurs de Pixi, d'orner un dessus de cheminée avec la version bronze, d'une hauteur d'environ 20 centimètres au garrot. Effet bœuf garanti.

Et bien sûr, dans le format Classique, on n'aura que l'embarras du choix entre les 47 modèles existants, au nombre desquels les quatre Dalton sur le dos du même cheval ou, histoire d'inverser les rôles, Lucky portant Jolly sur les épaules.

Mieux encore, les nostalgiques des trains électriques, s'il en est encore en vie, se pencheront avec délice (au risque d'avoir du mal à se relever) sur le village Far West au format Mini, qui, fort de ses 47 boîtes contenant chacune un à dix éléments, permet la reconstitution minutieuse, intérieur et extérieur, du village avec toutes ses activités habituelles (shérif, prison, saloon, drugstore, pompes funèbres, etc.).

Notons au passage, c'est le moment où jamais, que ces réductions Mini feront également le bonheur des fans des Schtroumpfs et d'Astérix.

Lucky et Jolly croisent une femme d'esprit.

Sorcier au visage pâle (masqué).

Une invitation à (re)jouer
aux cow-boys.

Pompér... toujours pomper

Y a-t-il un lien entre les événements de Mai 68 et la diffusion de la première saison des Shadoks, le 29 avril de la même année, sur la feue ORTF ?
Il est tentant de le croire, au lieu d'y voir un pur hasard, tant les parallèles entre le monde absurde et sens dessus dessous imaginé par Jacques Rouxel et sa conséquence logique, la fameuse « chienlit » gaullienne, qui s'apprêtait à déferler sur l'Hexagone, sont indiscutables.
Toujours est-il qu'après quelques épisodes, la diffusion s'interrompit pour ne reprendre qu'en septembre, une fois la poussière des barricades retombée.
Comme souvent, la France fut partagée en découvrant les Shadoks. Il y avait les *pour* et les *contre*, ou, comme le disait si bien Pierre Dac, dont le cousinage peut être évoqué, ceux qui, comme lui, étaient « pour ce qui est contre » et ceux qui étaient « contre ce qui est pour ».
La différence entre les deux camps tenait au fait que les *contre*, en ces temps prédiluviens où les réseaux n'étaient pas encore sociaux, exprimaient leur désaccord foncier dans des lettres enflammées, dont la lecture, plus tard, par Jean Yanne, dans une chronique télévisuelle baptisée *Les Français écrivent aux Shadoks*, serait un véritable délice.
Très clairement, Pixi choisit son camp, dans les années 1990, en fondant une collection de ces étranges créatures.
En même temps, entre fondus...
Rappelons aux jeunes générations que les Shadoks (des oiseaux qui faisaient penser à ceux de Paul Klee dans son tableau de 1923 *La Machine à gazouiller*) étaient les habitants d'une planète lointaine à la forme mouvante, ce qui leur faisait courir le risque constant de basculer dans l'espace. Ils étaient complètement cons, et leur vocabulaire se limitait à quatre phonèmes de base : Ga, Bu, Zo, Meu. Les Shadoks n'avaient qu'une idée en tête : rallier la planète Terre, plus stable, pensaient-ils, et pour cela, ils devaient pomper l'atmosphère afin d'obtenir le combustible leur permettant d'envisager un voyage aussi ambitieux. Leur philosophie se résumait à cette maxime : « Il vaut mieux pomper même s'il ne se passe rien que risquer qu'il se passe quelque chose de pire en ne pompant pas », dont j'ai pu vérifier au fil des ans toute la profondeur.

Ils avaient pour voisins les habitants d'une autre planète, les Gibis, dont le chapeau melon (semblable à celui porté par certains sujets de Grande-Bretagne) signalait qu'il abritait une intelligence nettement supérieure. Toutefois, si les Gibis perdaient leur chapeau, ils devenaient cons comme des Shadoks. En attendant, ils filaient, par mansuétude, un petit coup de main à ces derniers, dont les tentatives se soldaient régulièrement par de cuisants échecs, convaincus qu'ils étaient que « plus ça rate, plus ça marche ».
La série, constituée de 208 épisodes de 3 minutes, était narrée par l'inimitable Claude Piéplu, dont le ton professoral et docte participait pour beaucoup à la signature de l'ensemble.
Philippe-Antoine adorait les Shadoks, qui avaient illuminé son enfance comme Hergé avait enchanté celle d'Alexis, et il n'eut aucun mal à convaincre Rouxel de le laisser modéliser ses crétins d'oiseaux, alors que le producteur s'était montré jusque-là plus que réticent à tout passage en 3D : c'était compter sans la fougue et l'enthousiasme d'un homme qui aurait réussi à convaincre un crocodile de se convertir au véganisme. Celui-là avait pour particularité de fonctionner au coup de cœur, sans procéder à la moindre étude de marché et sans éplucher tel ou tel camembert Excel, ayant fait sienne depuis longtemps cette devise *shadokienne*, cent pour cent pixienne : « Pourquoi faire simple quand on peut faire compliqué ? »
Rouxel raffolait de ses Pixi. Rien ne le ravissait davantage que de découvrir de nouveaux spécimens plus cons les uns que les autres, et en effet, la collection s'enrichit rapidement de 39 pièces, sans compter les chiffres shadoks, de 0 à 9.

Le roi sous cloche.

Doubles pages suivantes
Shadoks en vrac.

JE POMPE DONC JE SUIS

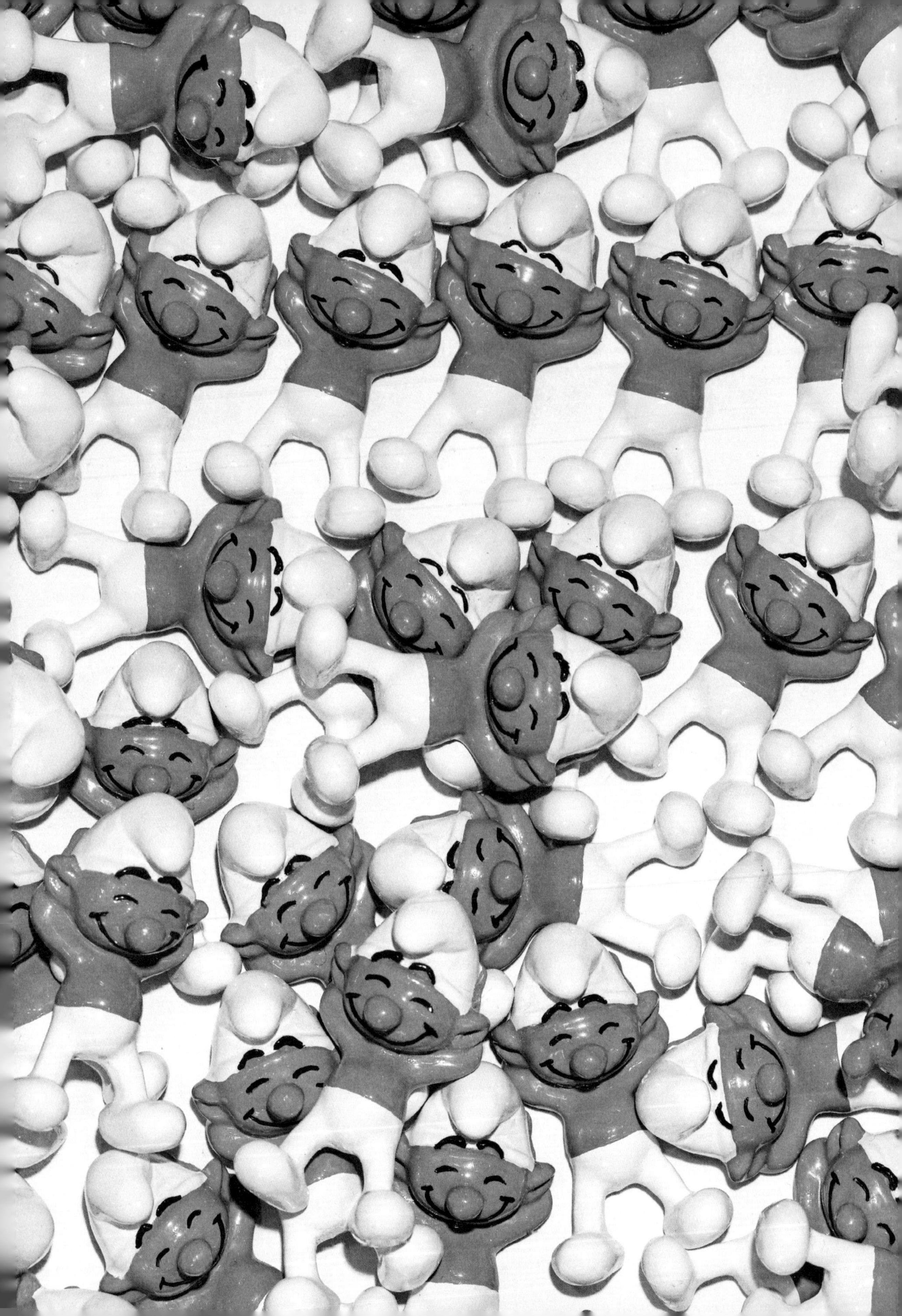

Les petits bleus

« Comment faire souffrir les collectionneurs ? » Voilà une question qui met littéralement en joie, avec une cruauté toute *gargamelesque*, Philippe-Antoine. Il me cite par exemple cette *Idée noire* de Franquin, *pixisée* dans les années 2000, représentant Kikol. Soit ce personnage vert, englué comme si l'on venait de déverser sur lui un bac d'huile de vidange. Et à ses pieds, une goutte, de la même matière visqueuse, de la même couleur. Seulement, la fameuse goutte n'est pas rattachée au personnage, et si vous l'égarez, votre Kikol – qui n'en est plus à un malheur près – perd une partie de son intérêt, et autant de sa valeur !

Enfer et damnation… Allez donc retrouver la goutte de Kikol dans ce monde inhospitalier… Voilà un tourment supplémentaire pour le malheureux qui s'est mis en tête de collectionner les figurines Pixi. Non seulement il lui manquera toujours quelque chose, mais en plus, il risquera de lui manquer une partie de ce qu'il possède !

Prenons un autre exemple : l'échelle moyenne des Pixi est d'environ 6 centimètres. Ce qui en fait des objets qu'il faut avoir à l'œil et qui ne demandent qu'à s'égarer à la première occasion, et il ne viendrait à l'idée de personne de chercher à les en dissuader. Il faut s'égarer, sortir des chemins balisés, encourager le hors-piste.

Mais quelle idée à tout le moins tordue de créer des Pixi de personnages lilliputiens par nature : les Schtroumpfs, voire, histoire de pousser la logique jusqu'à l'absurde, des collections entières de Schtroumpfs Mini. Un homme plus soucieux de la santé mentale de ses contemporains y aurait réfléchi à deux fois !

Pas Philippe-Antoine, qui s'amusa comme un (petit) fou à imaginer un village schtroumpf au grand complet, puis un village schtroumpf sous la neige, sans oublier, pour ce qui concerne les tableaux d'ensemble, *Le Cosmoschtroumpf et le village des Schlips*. S'il en est encore parmi vous qui ne savent pas ce que c'est qu'un Schtroumpf – soit ces petits hommes bleus à queue ronde et à bonnet phrygien blanc, coordonné à leur chausses, vivant au cœur de la forêt dans un village champignon –, l'acquisition de l'un d'entre eux, format Pixi, est vivement conseillée, en plus, bien entendu, d'une plongée revigorante dans l'une de leurs 40 aventures. Chacun y trouvera son compte puisque le Schtroumpf peut être, au choix, coquet, bricoleur, grognon, à lunettes, paresseux, gourmand, etc. Curiosité de la nature, il n'y a qu'une seule Schtroumpfette pour cent Schtroumpfs, ce qui, dans une société plus conventionnelle, pourrait créer quelques tensions, voire dissensions ; mais si l'on excepte le méchant Gargamel et son âme damnée féline Azraël, nous vivons là dans un monde bienveillant, débonnaire et enchanté.

Les Schtroumpfs (tout comme, paraît-il, les *pixies*, facétieux lutins des légendes celtiques) n'existent pas dans la réalité. C'est pourquoi, si vous marchez sur l'un d'entre eux, il s'agira vraisemblablement d'un Schtroumpf Pixi, et vous en concevrez une certaine souffrance plantaire. Ceux qui ont fait l'expérience de marcher, pieds nus et dans l'obscurité, sur une pièce de Lego oubliée par un enfant distrait apprécieront.

Les Schtroumpfs ont littéralement déchaîné l'imagination de Philippe-Antoine et de ses sculpteurs. En plus du mini-village évoqué plus haut, ils ont réalisé deux pièces auxquelles j'attache une importance particulière et qui continuent à m'émerveiller comme au premier jour.

La première a pour titre *La Colonne des Schtroumpfs*, et représente sept Schtroumpfs empilés les uns sur les autres dans un équilibre précaire. Elle est un défi à la gravité dans tous les sens du terme.

L'autre, sortie en 2008 pour célébrer le cinquantenaire de la naissance des « petits bleus », est d'autant plus imposante qu'est menue la taille des nombreux sujets qui la composent. Mesurant 26 centimètres de long pour une largeur de 11 et une hauteur de 21, on dirait la réduction à l'échelle Pixi d'un de ces monuments allégoriques célébrant la victoire héroïque d'un corps d'armée sur le camp ennemi. L'énergie qui s'en dégage fait penser, au premier coup d'œil, à ce bas-relief de l'Arc de triomphe, signé François Rude, intitulé *Départ des volontaires de 1792*, autrement dit *La Marseillaise*, tout en énergie guerrière.

Pour ce qui est des Schtroumpfs, l'intention belliqueuse est certes moins prégnante, puisque l'élan qui les porte – là encore, dans un équilibre très incertain – ne vise qu'à rendre hommage aux Schtroumpfs eux-mêmes, ainsi que l'énonce l'édifiante devise gravée sur le socle : « Aux Schtroumpfs, les Schtroumpfs reconnaissants ».

Comme disent les amateurs de mots qui se croisent et de mots croisés : « Pas mieux. »

Peut-être parce qu'ils sont petits, les Schtroumpfs ont tendance à se grimper dessus.

Et à ériger des monuments. Un peu comme nous.

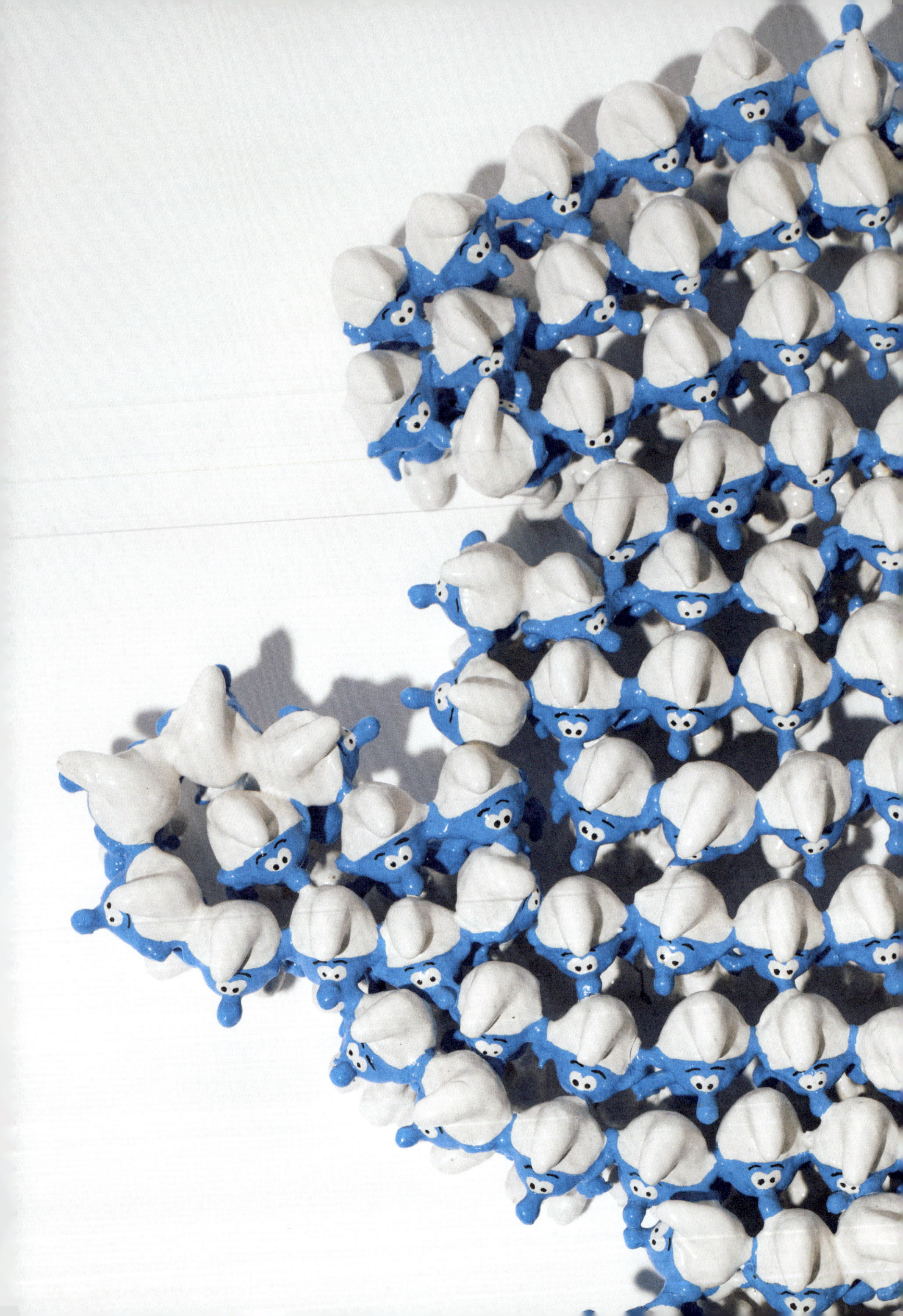

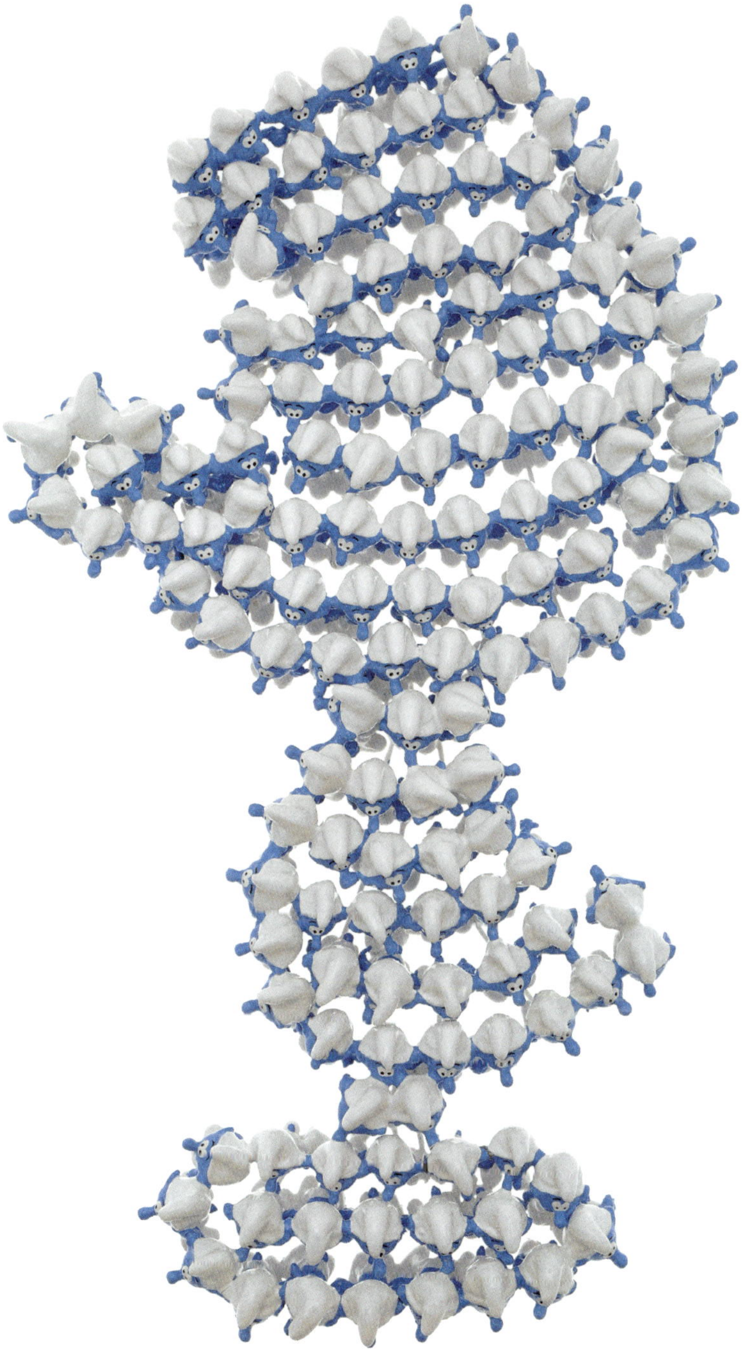

Autre chef-d'œuvre pixien :
le Schtroumpf en forme de
Schtroumpf. Et réciproquement.

Corto, en chair et en plomb

Longtemps, je me suis couché de bonne heure, juste pour avoir le plaisir de lire Robert Louis Stevenson. Ses romans m'ont accompagné, et ils continuent à le faire, tant je ne me lasse pas de replonger dans les aventures de David Balfour, de Jim Hawkins, du docteur Jekyll ou des frères rivaux du *Maître de Ballantrae*. Aussi, le jour où Hugo Pratt confia que *L'Île au trésor* était depuis toujours un de ses livres de chevet, me sentis-je vibrer comme une corde de violon sous l'impulsion nerveuse d'un archet, pour autant que l'on puisse s'identifier à une corde en boyau de mouton.

Le fait qu'il ait lui-même adapté le roman (avec Mino Milani au scénario) aurait dû suffire à me mettre la puce à l'oreille, mais je ne le découvris que plus tard.

Corto Maltese, sa créature, occupait le devant de la scène, prenant toute la lumière – comme Lupin parmi les héros de Leblanc, ou San Antonio parmi ceux de Dard –, et quand je ne me plongeais pas passionnément dans ses aventures, c'était pour mieux suivre celles du Blueberry de Giraud ou du RanXerox de Liberatore, deux autres auteurs-dessinateurs renversants au point de nous faire considérer la bande dessinée sous un nouveau jour. Il était maintenant ouvertement question de désir, de mort, de pulsions, d'échappées poétiques, de spiritualité. On s'y entretuait pour de bon, à balles réelles, et les blessures amoureuses laissaient des traces bien familières.

Que Corto Maltese se retrouve adopté par la grande famille Pixi n'était pas en soi un sujet d'étonnement. Après tout, il ne déparait pas les collections de Tintin, Spirou, Lucky et autres Blake et Mortimer. Treize belles pièces lui furent consacrées, auxquelles s'ajoutèrent deux signatures Silhouette

Corto et l'anaconda.
C'est l'anaconda qui gagne.

d'Hugo Pratt[1]. Les situations choisies étaient emblématiques de Corto. On l'y trouvait rêvant, méditant, déambulant ou, par exemple, saisi en pleine action dans un corps à corps musclé avec un anaconda (comme il aurait pu l'être avec un requin ou une pieuvre maousse)...

Mais Corto n'est pas un héros de BD comme les autres.

Sa silhouette dégingandée de gentilhomme de fortune, son allure, son goût du sarcasme, sa *coolitude*, la théâtralité de ses entrées et sorties de scène, sa vulnérabilité, son détachement, le magnétisme de sa présence le rangent dans une catégorie différente, difficilement réductible à un petit personnage de plomb ou toute autre représentation littérale.

Est-ce pour cette raison que son buste en bronze, d'une quinzaine de centimètres de haut, me touche à ce point, et qu'il est devenu l'un de mes totems les plus précieux ? Hugo Pratt lui-même fut éberlué le jour où on le lui présenta, tant le défi de faire passer son Corto de la 2D à la 3D (de le statufier, tout simplement) lui semblait impossible à relever. Certes, il sort des ateliers Pixi, des mains anonymes d'un des sculpteurs virtuoses qui s'y sont succédé, mais il pourrait aussi bien être *une œuvre à part*, sans rapport particulier avec le reste de la collection Pixi, sans rapport même avec la BD d'une manière générale, n'était-ce la troublante ressemblance avec celui qui l'a inspiré.

C'est le buste d'un homme au visage penché vers le sol, dans une douce mélancolie. Rien d'héroïque en lui, aucune posture, il est exempt de toute vanité. Il a les yeux clos, et sans doute rêve-t-il du reflet de ces mondes qu'il a parcourus, des lumières et des mystères dont il s'est approché. Sa patine subtile lui donne une brillance discrète, comme si une flamme l'éclairait de l'intérieur, à travers la finesse du bronze.

C'est un objet magique, d'une valeur sans pareille, que seuls pourraient approcher les objets précieux du trésor de la fameuse île où semblent s'être réfugiés, pour l'éternité, Hugo et ses personnages.

---

1 Autrement dit, la réplique en 3D de la signature de l'auteur. Hergé, Morris, Uderzo et surtout Franquin ont ainsi vu leur griffe plombée pour la postérité.

Aimer, c'est regarder dans la même direction.

Semper Sempé

Raymond Queneau s'est amusé à raconter de quatre-vingt-dix-neuf manières différentes une histoire totalement anodine ayant pour cadre un autobus parisien à plate-forme, comme ceux que l'on utilisait dans les années 1940, 1950 et 1960. Le livre a pour titre *Exercices de style*, et il est chaudement conseillé de le laisser traîner sur une table de nuit, aux côtés du *Journal* de Jules Renard par exemple, pour en feuilleter chaque soir quelques pages et s'endormir avec le sourire en espérant se réveiller un peu moins con.

Il se trouve que j'ai beaucoup utilisé ce moyen de transport dans ma prime jeunesse, pour un trajet invariable m'amenant de mon domicile à l'établissement scolaire qui tolérait ma présence. J'y ai voyagé non seulement assis, debout sur la plate-forme, mais aussi à l'extérieur, la roue avant de mon vélo suçant le cul du bus, dans le but à la fois de profiter de l'effet d'aspiration et d'impressionner les jeunes usagères fréquentant l'école de filles voisine de la mienne, en particulier une certaine Marie aux yeux d'un splendide bleu myosotis, dont celui de l'actuelle Twingo ne donne hélas qu'une vague idée. Tout cela au grand dam du receveur à képi qui, une fois qu'il avait contrôlé le ticket des usagers, m'interpellait à coups de noms d'oiseaux pour que je cesse d'importuner son bus et ses occupants.

Ces palpitantes évocations biographiques, tout à fait hors sujet, semble-t-il, ne sont pas, je rassure le lecteur, à mettre sur le compte d'un début de sénilité. Si je vous raconte ici que je prenais le bus de la ligne 43 reliant Neuilly/Bagatelle à la gare du Nord, c'est parce qu'il a été immortalisé par Sempé dans un dessin où le Petit Nicolas et ses copains se ruent vers la fameuse plate forme sous l'œil sévère et résigné dudit contrôleur.

Et que Sempé a eu les honneurs d'une *pixisation*, ce qui ne peut que ravir un individu tel que moi.

Pour une raison qui dépasse toutes les autres. Comme des millions de garçons de ma génération, je n'avais eu aucun mal à m'identifier au Petit Nicolas. Le génie de Goscinny avait une fois de plus frappé, en créant, avec Sempé, l'archétype du petit bonhomme malin, candide, débrouillard, expert en quatre cents coups. Nous avons tous eu le même genre de copains : Alceste, le goinfre, Clotaire, le cancre, Eudes, le bagarreur, Agnan, la tête à claques, Joachim, le rêveur, Geoffroy, le gosse de riches pourri gâté... En ce qui me concerne, j'étais même

Le Petit Nicolas à la loupe.

66
OPERA
OPERA
DAUMESNIL
66

« cœur de cible », comme disent les archers et les *marketeurs*, puisque je suis très exactement contemporain des *Aventures*, *Récrés* et autres *Vacances* du Petit Nicolas, et que je m'attribuais sans mal toutes ses qualités, laissant bien volontiers aux autres les défauts.
Cette parenthèse pour mieux en revenir à l'autobus de Nicolas, haut placé dans mon panthéon personnel Pixi pour la raison supérieure invoquée ci-dessus : j'ai grandi avec le Petit Nicolas, j'ai couru après le même bus – mais j'ai hélas continué sans lui –, et quand j'ai découvert ce Pixi dit *L'Autobus du Petit Nicolas* (seize personnages, un arrêt de bus, et le bus lui-même, d'une longueur de 20 centimètres), j'ai eu ce sentiment de mise en abyme bien connu des amateurs de Vache qui rit®.
Du reste – seul bémol –, sur le dessin original, la réclame qui ornait le flanc du bus était l'œuvre d'un ami intime de Sempé, le génial Savignac, et représentait une tête de vache, souriante, vantant les mérites de la marque Monsavon®, quand, dans la version Pixi, elle est devenue une pub dessinée pour *Le Petit Nicolas*.
Ce qu'on appelle un *circuit court*...
Un Dorian Gray à l'envers, donc, version plomb, que je tiens là, physiquement parlant, dans mes mains. La réplique parfaite de ce véhicule qui me transportait, dans tous les sens du terme, comme il transportait mon double de fiction, Nicolas, dessiné de surcroît par l'un des artistes que j'aime le plus au monde. Peut-on s'approcher plus près d'une certaine idée de la grâce ?
Je ne sais pas. Il faudrait demander à un spécialiste.

Le célèbre bus 66, moyen de locomotion du Petit Nicolas, modélisé.

Dessin à la mine de plomb,
et de crayon.

Pixi à la folie

J'ai toujours considéré les collectionneurs avec une circonspection inquiète. Sans jamais savoir exactement si je devais m'en méfier (« ça cache quelque chose… ») ou m'amuser de leur quête sans fin de choses aussi désuètes que des bagues de cigare, des boîtes de sardines, des coquetiers, des cartes postales, des soldats de plomb, ou des mèches de cheveux ayant appartenu au véritable Napoléon.
Après tout, le collectionneur (sauf évidemment celui de MST) ne fait de mal à personne. Il crée son propre tourment, à toujours rechercher l'objet qui lui manque, parfois l'angoisse de ses proches si sa collection porte, pourquoi pas, sur les tanks Sherman M4 de la Seconde Guerre mondiale. Et même dans ce cas précis (j'en ai rencontré un), le collectionneur reste un obsessionnel généralement inoffensif.
Ce qui m'a toujours étonné, c'est l'énergie phénoménale, la ténacité de fragile bousier qu'il dépense (que la collection ait une valeur monétaire ou non) pour mettre la main sur un objet auprès duquel le quidam (vous, moi) passerait sans marquer le moindre émoi. Disons par exemple, dans le cas d'un collectionneur de disques yéyé, cette version introuvable de la célèbre scie de Richard Antony, enregistrée au sortir d'un séjour hospitalier : « Et j'entends siffler le drain. »
Je comprends par ailleurs très bien ceux qui ne peuvent s'empêcher d'accumuler, plus ou moins consciemment, des objets, des livres, des films, des albums autour d'eux.
J'en sais quelque chose : tous les prétextes sont bons. Le besoin de documentation, l'attachement sentimental, l'incapacité de se séparer de ceci, de cela… même si, comme Philippe-Antoine (l'empereur des accumulateurs, « le collectionneur de collections », comme il s'autoproclame), je me prends à rêver de cette philosophie japonaise du dépouillement, le *wabi-sabi*, qui prône la voie de la sobriété, la vertu et la beauté des matériaux modestes, usés par le temps, réparés, s'il le faut, recollés comme ces bols de céramique à l'aide d'une laque saupoudrée de fils d'or – l'art du *kintsugi*.
La perfection de l'imperfection…

Capt.Haddock

Mais l'encombrement que crée l'accumulation, aussi ordonné soit-il, n'est qu'une variante (une déviance ?) du besoin compulsif de collectionner.
Pixi semble être fait pour eux. Les séries sont limitées, les moules détruits et les figurines vivent leur vie, orgueilleusement exposées dans des vitrines ou perdues dans des greniers : autant d'objets de désir pour ceux qui se sont mis en tête de les posséder.
C'est là que ça se complique, et que les Athéniens s'atteignirent (ou que les Satrapes s'attrapèrent).
Plusieurs typologies possibles chez les collectionneurs Pixi :
1/ Celui qui veut tout ce qui sort des ateliers, quel que soit le sujet. Il ne veut rien rater, sous aucun prétexte. Sachant que la maison existe depuis une quarantaine d'années, que quelques milliers de pièces ont été sculptées, des plus volumineuses (la reconstitution du défilé du 14 Juillet 1989 par Jean-Paul Goude) aux plus microscopiques (un mini-Idéfix), sans compter les hors-collection commandées pour des opérations de communication (Jean Dujardin en OSS 117 pour la sortie du premier film, signé Hazanavicius), je lui souhaite personnellement bien du plaisir. Le bout de ses peines, il n'est pas près de le voir.

Soupe au requin, façon Alexis.

***Mash-up* poliakovien : Tintin, dans le requin, épaté par la beauté de la robe *Mondrian* d'Yves Saint Laurent.**

2/ Celui qui se concentre sur un thème : les Civils, une licence en particulier comme les Schtroumpfs, Spirou, Lucky Luke, etc., en n'oubliant pas que pour Tintin, il y a trois collections différentes, dont deux sculptées par Alexis Poliakoff. Il peut évidemment se tourner vers les Mini, les Articulés, les Bronzes et autres plats d'étain. Lui, s'il fait preuve de patience et s'il est en fonds, a une chance de toucher son graal avant d'être réincarné en tamanoir.
3/ Celui qui va prendre le biais animal pour trouver son orbite dans la galaxie pixienne. Par exemple, il aime les chevaux, dilection tout à fait respectable, que ce soit dans la vraie vie (qui est ailleurs, on l'aura compris) ou dans le monde des figurines. Il y a une sérieuse probabilité qu'il soit rassasié (mais est-ce vraiment, au fond, ce que veulent les collectionneurs ?) : du cheval, il en trouvera chez Astérix, Lucky Luke, bien sûr, Johan et Pirlouit (excellent duel équestre), Tintin, les Civils (*Le Galop de l'amazone*), Gaston (*Le Centaure*) ou Corto Maltese.
Ça vaut évidemment pour les chiens... et autres animaux plus ou moins domestiques. On notera au passage que Roger-Roger, à peu près omniprésent depuis le début de l'histoire, pourrait lui-même faire l'objet d'une collection.
4/ Le collectionneur sans le savoir. Celui qui se rend compte un jour que ces petits Pixi, acquis au fil du temps et disséminés dans son logis, finissent par constituer une discrète cinquième colonne infiltrée en douceur. S'il fait partie de ceux – j'en suis – qui sont convaincus, comme dans *Toy Story*, que les objets prennent vie dès que le sommeil a gagné l'occupant des lieux, il comprend alors le lien existant entre les figurines, la raison – ? – pour laquelle elles ont atterri chez lui, la correspondance, pourrait-on dire, qu'elles entretiennent en silence, leur complémentarité, en un mot comme en mille la nature du dessein global dont elles ne sont que d'inoffensifs instruments. Et il les regarde d'un autre œil : le germe du collectionneur vient d'éclore en lui. Il est foutu.

J'appartiens à cette dernière catégorie.
Je m'en porte plutôt bien ; je sais que la situation est sous contrôle et que, comme le disent les toxicos : « J'arrête quand je veux. » J'observe simplement que la rédaction de ce livre, la fréquentation des cerveaux de l'opération, les recherches poussées que j'ai été amené à faire, le contact – parfois la manipulation – de quelques modèles rarissimes ont activement soufflé sur les braises de ma passion.
Puisque nous en sommes aux confidences, j'irai jusqu'à avouer certaines faiblesses. Je travaille par exemple sous l'œil protecteur de Poliakoff fils (je parle bien sûr de sa figurine de 6 centimètres, sculptée par lui-même) posé face à moi, tenant à bout de bras un Roger-Roger qui l'observe en retour. Il est d'une élégance irréprochable, costume croisé bleu nuit,

Et encore une colonne. D'inspiration Magical Mystery Tour...

... ou quelques Articulés en guise de dessert : Duffy Duck, Gaston, Spirou, Lucien et Agrippine.

pochette blanche, cravate, petites lunettes rondes. Sa présence muette et bienveillante me fait un bien fou. Comme chantait Salvador, ça me « remet le cœur à l'ouvrage ».
Si je tourne les yeux vers la droite de mon bureau, qu'aperçois-je sur une étagère, protégée par une vitrine ? Une diligence lancée à tombeau ouvert, menée par quatre chevaux au triple galop, aux côtés de laquelle caracolent un Lucky Luke et un Jolly Jumper toujours aussi cools, à l'inverse des passagers que l'on sent, eux, plutôt tendus, tandis qu'un vautour survole la scène. Un tableau Pixi, reproduction d'une image de l'album *La Diligence*, que j'invite tous mes visiteurs, coursiers compris, à admirer avec moi. Magistral.
Enfin, vers la gauche, passé un Lucien dans son autotamponneuse et un Astérix en train de toréer un taureau fumasse, le regard peut éventuellement finir sa course sur une colonne polychrome (il existe une version en bronze) de Schtroumpfs en équilibre précaire.
Je ne suis pas attaché à un sujet (catégorie 2) en particulier. Tous m'intéressent à la seule condition que je tombe sous le charme de l'objet, qu'il s'agisse de Landru devant sa chaudière, de Spirou et Fantasio en train de converser dans des fauteuils *sixties* ou d'une de ces tortues romaines qu'Obélix

Maître Gotlib et ses coccinelles.

prend un tel plaisir à « dynamiter, disperser, et ventiler, façon puzzle ».

Peut-on pour autant me qualifier de collectionneur pur et dur ? Je ne crois pas.

En revanche, j'en ai interrogé une poignée dont je garderai l'identité secrète pour éviter de tenter les éventuels cambrioleurs qui se seraient subrepticement glissés parmi les lecteurs.

Éric S., par exemple : à l'âge de huit ans, il tombe en extase devant Tintin en lisant *Le Trésor de Rackham le Rouge*, et se fait une promesse : « Un jour... j'aurai une collection de BD ! » La cinquantaine passée, il en possède plus de 4 000. Mais au début des années 1990, c'est en voyant la figurine de Tintin et Haddock en pirogue (deuxième collection, signée Poliakoff) que son premier sentiment de ravissement enfantin lui revient de plein fouet. C'est le début d'une (très) longue série de coups de cœur et de visites à la boutique Pixi, où il passe tous les mois papoter avec la pythie en charge du lieu (Athéna – ! –, Agnès, puis Sophie).

Car pour Éric, il n'y a pas de collection sans passion, sans enthousiasme, et qui dit « passion » dit l'envie de la partager et de compter au nombre des heureux élus qui ont accès, par l'intermédiaire de la boutique, à la primeur de certaines informations. Une passion qui ne faiblit pas avec le temps. Au contraire. Plus la dématérialisation se fait générale et universelle, plus grand est son besoin de l'objet, même si, aux yeux du monde *adulte*, il ressemble à un doudou un tantinet régressif, aussi désuet que la formule « un tantinet » !

Il insiste d'ailleurs sur un moment capital : celui de l'arrivée, au domicile, de l'objet tant attendu, convoité, ou découvert par surprise, et du rituel qui l'entoure. L'ouverture de la célébrissime boîte rouge siglée *Pixi* : Roger-Roger assis dans un cercle, une oreille en l'air, trois soldats d'Empire, deux debout, un couché à ses pieds (pattes ?), et le cube sur lequel sont écrits, en capitales de l'alphabet grec, le *pi* et le *xi*. Au dos de la boîte, l'étiquette spécifiant la collection et le nom de l'objet, son numéro d'immatriculation et le copyright.

À l'intérieur de l'écrin – qu'il convient, par ailleurs, de stocker dans une armoire évidemment réservée à cet usage – enveloppé de papier bulle (celui qui fait « paf ! » quand on le presse), l'indispensable certificat d'origine dûment numéroté, et, si tout va bien, la figurine en question.

Cyrille M., cinquante-six ans, lyonnais, est ce qu'il appelle lui-même « un collectionneur apaisé ». Sous l'apparent oxymore, un constat plutôt lucide. Étudiant en (très sérieuses) sciences économiques à Toulouse, il tombe en arrêt, face à la vitrine d'une librairie, devant la figurine de l'affreux Mitsuhirato, l'associé diabolique de l'innommable Rastapopoulos dans *Le Lotus bleu* (le titre d'un célèbre album de Tintin, je le signale à l'intention des *millenials*, et non pas une variante chromatique d'un tout aussi célèbre – quoique pour d'autres

Adèle Blanc-Sec, mouillée.

raisons – papier toilette). Coup de foudre, mais hélas sans le budget disponible pour l'acquérir. (Notons au passage que le Mitsuhirato, de la première collection Tintin, signée donc Poliakoff, vaut aujourd'hui plus de vingt-cinq fois sa valeur initiale…) Quelques années plus tard, alors que Cyrille est devenu parisien, *Tintin et Milou dans la potiche* (toujours *Le Lotus bleu*), également sculptée par Poliakoff – deuxième collection –, lui tend les bras, si je puis dire, ceux-ci étant à l'intérieur de la potiche.

C'est parti.

Ce qui touche Cyrille, chez Pixi, c'est non seulement la figure elle-même mais aussi le rapport harmonieux entre son échelle (il ne collectionne que le format Origine, 6 centimètres, 125 grammes), son poids et sa mise en couleurs. Et, bien entendu, la patte naïve d'Alexis, ce supplément d'âme reconnaissable entre mille, bien qu'il accepte volontiers d'ouvrir sa collection (il en possède environ 500) au périmètre élargi de la BD franco-belge, Franquin, Morris, Peyo et Cie. Ce qui fait de lui « un collectionneur apaisé » tient à mon sens en deux points : il a trouvé un *modus vivendi* praticable pour combiner sa passion et sa vie de famille (500 fragiles petits trésors dans le potage !) et il partage ladite passion sous une forme d'altruisme admirable : il répare, ponce, repeint d'autres Pixi endommagés, sans en tirer de profit particulier. Pour l'amour et la beauté du geste. Là encore, j'éviterai de dévoiler son identité pour éviter à ce malheureux saint-bernard du plomb d'être soudain submergé de demandes après la parution de ce livre.

Autre cas de figure, Anne-Catherine R. vit, elle, en Suisse, du côté de Berne, où elle règne au milieu de sa collection d'environ 900 pièces, ce qui la distrait des tracas de l'institution médico-sociale qu'elle dirige.

C'est en 2002 qu'elle découvre, dans les pages de l'hebdomadaire suisse *L'Illustré*, non pas le pot aux roses mais la potiche du *Lotus bleu*, extraite de la deuxième collection d'Alexis, et qui eut un succès fou dès sa sortie.

C'est effectivement une figurine aussi emblématique qu'irrésistible. Comme sur la couverture du *Lotus bleu*, Tintin se dissimule dans la fameuse potiche et on notera qu'une seconde version verra le jour quelques années plus tard (mais pas de la main d'Alexis), saisissant le même Tintin s'extirpant dudit objet.

Pour notre collectionneuse, la première potiche fut donc l'élément déclencheur d'une passion sans limites pour l'univers pixien. Un monde miniaturisé, statique, silencieux et paisible, comme un antidote poétique à un monde réel, lui de plus en plus furieux, chaotique et cacophonique.

Anne-Catherine a beau s'intéresser de près à l'ensemble de la production, elle garde toujours une préférence pour la période Poliakoff (les Civils, la Mode et les deux premières collections Tintin). Ce qui l'émeut dans le travail d'Alexis ? Cette forme de

Little Nemo sortant simultanément de son lit et de son rêve.

candide naïveté dans les expressions de visage ou les postures. Quant à Tintin lui-même : « C'est l'interprétation qui est chouette », avoue-t-elle naturellement. Elle pousse le perfectionnisme jusqu'à consacrer une vitrine par album d'Hergé, sachant qu'elle voue un culte particulier au *Temple du Soleil* et qu'elle considère que l'idole rouge est la pièce maîtresse de sa riche collection. Il s'agit d'une pièce hybride, commandée par Moulinsart (collection spécifique, vendue dans une boîte bleue) et réalisée par Pixi, mélangeant résine polychrome – pour l'idole, d'une taille de 45 centimètres – et métal – pour les personnages –, également considérée par d'autres collectionneurs comme le pompon du pompon.

Alain d'H., par exemple, cinquante-sept balais et des poussières (qui intéressent, j'imagine, le pneumologue qu'il est dans le civil). Pour lui aussi, *L'Idole du Temple du Soleil* est un *must* absolu, au même titre que *Le Banquet des trente ans de Pixi*, réunissant autour d'une table tous les héros de la saga (à l'exception de Tintin et Milou, changement de licence oblige… même si cela n'a évidemment pas empêché certains collectionneurs possédant un *Tintin assis* de le convier à la noce quand même), première occasion – ça se fête – de réunir toutes les têtes de gondole du neuvième art immortalisées dans le plomb jusqu'alors.

Il y a une douzaine d'années, son épouse eut la bonne idée de lui offrir *Le Sous-Marin du professeur Tournesol* (version Moulinsart). Elle venait, sans le savoir, de planter la graine fatale. Le ver était dans le fruit, le virus dans les bronches. L'année suivante, sans doute pour se remettre du baume au cœur après avoir assisté à un congrès sur les soins intensifs, il fait une halte à la Mecque belge de la BD et *para-BD*, la célèbre boutique *La Main Blanche*, à Waterloo. Il en ressort avec le fameux banquet.

Aujourd'hui, sa collection est riche, précisément – au moment de l'impression de ce livre –, de 578 pièces. « Je n'ai pas d'enfants, justifie-t-il, c'est moi l'enfant… »

Beaucoup de Tintin, de Spirou, de Gaston, d'Astérix, sans compter les Bronzes (une vingtaine), même si le nom Poliakoff revient régulièrement dans la conversation, et à travers lui l'histoire qui se cache derrière les autres, comme la relation entre Hergé et Poliakoff père, par exemple. Les pièces maîtresses de sa collection : le Schtroumpf en forme de Schtroumpf et la fameuse photo de famille d'Uderzo au grand complet.

Enfin, un autre Alain, M. de son nom de famille, banquier à la retraite, soixante-seize ans, collectionneur depuis une vingtaine d'années. « Je m'y suis mis tardivement », admet-il.

En marchant boulevard Saint-Germain, alors qu'il passe devant la vitrine d'une célèbre boutique de jouets, *L'Oiseau de paradis*, son regard est attiré par une figurine du professeur Tournesol, dite *Le Tournesol au chapeau* (Moulinsart), représentant ledit professeur saluant un quidam, chapeau bas.

Silence, on tourne.

On imagine le dessin qu'en aurait fait Sempé ! Cette irruption soudaine de l'enfance distrait Alain M., un instant, des taux de rentabilité interne après calcul de la réévaluation des montants compensatoires, et paf, effet Pixi, il s'en porte acquéreur. Aujourd'hui, plus d'un millier de figurines plus tard, il confie son faible pour celles qui sont nées sous la main d'Alexis… « J'aime la finesse de son travail, son élégance, ce supplément d'âme que l'on retrouve dans la collection des Civils, ou les deux premières collections Tintin. J'ai presque tout ! »
Évidemment, tout est dans ce *presque*, contenant à lui seul le vertige du collectionneur… En attendant, ce petit monde-là est hébergé chez Alain, qui veille sur lui avec la vigilance affectueuse d'une mère poule. Mais au fait, pourquoi Pixi, plutôt que les autres marques de *para-BD* (Leblon Delienne, Fariboles, etc.) ? « J'aime le plomb ! »
Et on y revient : l'équilibre, maintes fois évoqué, entre la taille, le poids, le choix judicieux des postures des personnages, des couleurs et de leur brillance (« Je n'aime pas le mat… »).
Et peut-être réside-t-il là, le secret que nous tentons si laborieusement de percer : dans cette mystérieuse alchimie, l'équilibre du fond et de la forme, le nombre d'or à l'échelle miniature, la transmutation finale, la pierre philosophale tant recherchée.
Voilà que je m'emballe…
Mais une collection, on le sait aussi, est évolutive, en perpétuel mouvement. Il faut parfois se séparer d'une partie afin de consolider l'ensemble, pour des questions de place ou de budget. Et Alain de conclure par cette remarque qui fait ma joie : « J'ai eu tout le cinéma (machinerie, décors, techniciens, caméras, assistants, acteurs, etc.)… Je l'ai revendu. »

Benoît Brisefer portant le poids du monde.

Le méchant Olrik, issu de l'univers d'Edgar P. Jacobs.

Toute l'histoire de Michelin en huit Pixi.

Doubles pages suivantes

Une soirée au coin du feu avec Blake et Mortimer.

Pieds nickelés, façon Pellos, prenant la poudre d'escampette.

L'éléphant, une présence de poids chez Pixi.

Du bronze en or

Des bronzes, Pixi en a coulé.
Je sais.
Cette phrase anodine et purement informative fera sourire certains lecteurs toujours à l'affût de la plaisanterie facile, mais c'est un fait : elle est consistante, la série des Bronzes coulés au fil du temps par Pixi, de toutes les tailles et de toutes les formes, depuis le chien de Gotlib, 24 grammes, jusqu'à cette fameuse (et mythique) *Colonne Astérix*, à jamais inédite, haute de 66 centimètres et pesant 6 kilos (et 750 grammes).
Même si ce n'est pas lui qui initia le premier bronze Pixi, il ne faut jamais perdre de vue qu'Alexis Poliakoff est avant tout un modeleur sculpteur – comme nos lointains ancêtres, à l'âge du bronze, précisément, étaient des chasseurs-cueilleurs – et qu'il s'y essaya à titre privé, avec un sens de la légèreté s'affranchissant de la pesanteur du métal.

J'ai en tête, en particulier, son interprétation toute personnelle des Trois Grâces demandant à Pâris de bien vouloir décider laquelle est la plus belle, ou cette petite statuette d'inspiration africaine *mumuye*, ou enfin la très convoitée carte de membre du club Roger-Roger (plus inaccessible encore que la 5A, mieux connue sous le nom d'*Association amicale des amateurs d'andouillette authentique*).
Puisque la parenthèse est ouverte, signalons que la production d'Alexis ne s'arrête pas au plomb, à la peinture ou au bronze puisqu'il laisse libre cours à sa créativité sur tous les supports possibles. Il appelle ça ses *zacotés* et on y trouve, pêle-mêle, des objets en bois, en divers métaux, en pierre, etc., et je ne résiste pas au plaisir de vous citer quelques-unes de ses créations personnelles : un voleur de panneau de sens interdit, la clé du boudoir de Marie V., des boutons de manchette à tête de mort pour Donald, des galets incrustés de laiton, des boules de lune, un manche de couteau pour sacrifice, des lingots sarcophages et autres pyramides presse-papier.

Refermons la parenthèse, et reprenons.
Des bronzes, Pixi en a donc coulé. Selon une technique qui, certes, a évolué depuis qu'elle vit le jour à l'âge de bronze, donc, mais qui conserve les mêmes principes ancestraux. On peut s'extasier, à raison, devant le *David* de Donatello, le *Persée tenant la tête de Méduse* de Cellini, le *Discobole* de Myron, *L'Homme qui marche* de Giacometti ou *Le Fou* de Picasso, et puis fondre littéralement – c'est de circonstance – devant un bronze Pixi. C'est mon cas en écrivant ces lignes, alors qu'un Petit Nicolas d'une vingtaine de centimètres, bronzé comme s'il rentrait des Bermudes, tend vers moi, avec un grand sourire, son lapin fétiche (son Roger-Roger à lui). « Mon lapin, c'était le meilleur lapin de la classe, c'est la maîtresse qui l'a dit. »
Ce petit bronze, que je garde précieusement à portée de main, dégage la puissance rassérénante d'un bouddha. Les bouddhistes frottent l'estomac rebondi de leur éveillé, dans l'espoir d'une prospérité future. Je frotte rituellement le nez de mon Nicolas dans l'espoir de trouver rapidement le sommeil. Mais assez de révélations personnelles, ce livre en est déjà trop plein.
Certes, les bronzes Pixi incarnent en trois dimensions des modèles qui, à l'origine, le sont en deux ; les sculpteurs, aussi talentueux soient-ils, se contentent de reproduire des œuvres existantes, tout au moins à l'occasion de leur collaboration avec la marque. Mais dans le format Bronze, une autre dimension s'ajoute au travail traditionnel en plomb ou en étain. Une question de volume et d'échelle, bien sûr, et de matière : ici, elle est brute, sans trace du pinceau pour colorier l'ensemble. « Accroche-toi au pinceau, je retire l'échelle… » Voilà, je suppose, d'où est venue cette idée étrange de couler du bronze plutôt que du plomb ou de l'étain.
Le bronze Pixi, c'est une possibilité de collection, ou pas. On peut se satisfaire d'une pièce unique, comme ce somptueux buste de Corto Maltese (ou un autre de Raspoutine) admiré en premier lieu par Hugo Pratt lui-même, qui s'étonnait non seulement de la prouesse technique mais surtout de l'âme de Corto que le sculpteur avait réussi à faire vibrer dans le métal. On peut se réjouir de ce Lucky Luke hilare, appuyé sur son Jolly Jumper tout aussi euphorique. On les connaissait en format Classique (7,5 centimètres), les voici en bronze patiné, d'une hauteur de 20 centimètres, dans une pose nettement plus détendue que celle de saint Laurent, immortalisé par Donatello dans un bas-relief en bronze, endurant son martyre alors qu'on le fait griller vif, façon barbecue non consentant. Là encore, chacun y trouvera son bonheur, qu'il préfère Gaston à Spirou, Astérix à Lucky, Bretécher à H. G. Wells (le revoilà), à qui fut dédié un tripode, hommage à *La Guerre des mondes*…

Quelques bronzes d'Alexis, hors Pixi.

Double page suivante
Corto et Raspoutine. Deux bustes magnétiques.

Toujours des colonnes. En bronze,
et *rodinisées* !

Au choix : un Spirou brut,
ou poli (comme le sont souvent
les grooms).

Une compagnie de Spirou
façon Émile Bravo, et l'Agrippine
de Bretécher en plein spleen.

Le rire, le propre de l'homme ?
Alfred le pingouin, lui, reste coi.

Raconteur d'histoires

À force de raconter des histoires par le biais de figurines, avec liberté laissée à chacun d'en imaginer autant qu'il veut, de les mélanger dans les combinaisons les plus inattendues (*Un Tintin en pirogue croisant inopinément le mammouth de Gaston tandis que le Marsupilami s'enroule autour de la colonne des Schtroumpfs et que Lucky Luke démontre sa virtuosité au six-coups sous l'œil impavide du boucher de quartier et de ses commis se demandant si c'est de l'art ou du cochon…*), à force de raconter des milliers d'histoires inédites ou très clairement référencées, il était grand temps que Pixi s'intéresse à l'autre histoire, celle avec un grand H. Ou à la *grande histoire*, si l'on préfère, celle qui s'écrit, n'en déplaise au pacifiste que je m'obstine à être, à coups « de sang, de sueur et de larmes », pour paraphraser Churchill.

Campagnes militaires, conquêtes, révolutions, annexions, conflits territoriaux, empires finissant par s'effondrer après avoir imposé leurs lois, sans parler de lutte des classes (ou, par ces temps de réchauffement climatique, de lutte des glaces), l'Histoire est ce long fleuve tout sauf tranquille, qui ne redoute aucune sécheresse. Prenons un exemple, posons-le devant nous et examinons-le : la conquête de l'Angleterre en 1066 par Guillaume le Conquérant.

Disons les choses comme elles sont : Guillaume, son surnom, ce n'est pas en passant son temps à faire des mots croisés (ou alors avec de vrais croisés) qu'il en a hérité. Il aimait bien la castagne, l'explication *a mano*, et comme Édouard le Confesseur lui avait promis la couronne anglaise, il aida la promesse à se réaliser en allant démonter la gueule du roi Harold II lors de la célèbre bataille d'Hastings, que par ailleurs (on s'y retrouve) Alexis rêve de reconstituer un jour, peut-être pour la rejouer dans une partie de *kriegspiel*.

Voilà pour l'Histoire.

Cette folle conquête a été narrée sur une gigantesque tapisserie d'environ 70 mètres de long, à travers 58 scènes avec effet de perspective. N'était-ce l'absence de bulles (la papale ne

La geste de Guillaume (le Conquérant) *pixisée*.

compte pas), on peut, à juste titre, la considérer comme un ancêtre plausible de la bande dessinée. Elle avait vocation à être vue par le plus grand nombre et cette mission fut couronnée (mais pas à Westminster) de succès, puisque, en dehors des millions de visiteurs qui purent l'admirer au cours des siècles, elle a réussi depuis presque un millénaire, malgré sa fragilité de laine et de lin, à survivre à toutes les calamités qui se sont abattues sur ce bas-monde, y compris dans le Calvados au siècle dernier.

Mais aussi résistante soit-elle, la tapisserie de Bayeux, c'est comme une paire de rideaux : le temps, la lumière, l'oxygène, l'humidité, etc., tout concourt à son altération.

C'est là que Pixi entre en scène...

Profitant du départ prévu de la tapisserie vers des ateliers de restauration... anglais (!), Philippe-Antoine a proposé de la remplacer, provisoirement, par son double Pixi. Soit la modélisation, faite « dans le respect absolu », de la fresque médiévale et de ses 626 sujets : 49 arbres, 37 édifices (dont le Mont-Saint-Michel), 41 navires, 202 chevaux et mulets, 55 chiens, 505 animaux divers et 41 vaisseaux et barques – 1 556 pièces, donc, si mes comptes (ceux de la préfecture et ceux des organisateurs) sont bons.

Projet qui n'aurait pas déplu au premier pharaon venu, et qui présente le double avantage de permettre une approche à 360 degrés de l'œuvre et de la rendre transportable, dans d'autres musées français ou étrangers.

Comme disait Jules César – autre conquérant : « Si tu ne vas pas à Rome, c'est Rome qui vient à toi. »

Je me comprends.

On pourrait imaginer que c'est là que réside le futur de Pixi, mais ce serait oublier qu'on évolue, avec les petites figurines, dans un *no man's land* où s'entremêlent en permanence le passé, le présent et le fameux futur. Depuis toujours, Pixi s'est imposé comme *raconteur d'histoires*.

Rappelons cet autre projet, mené à terme, de la re-création, à l'échelle Pixi, du fabuleux défilé du 14 Juillet 1989, célébrant le bicentenaire de la Révolution française.

Alexis s'était entiché de cette « Marseillaise » en folie, où chaloupaient, d'un pas cadencé bien que peu militaire, 10 000 figurants, relookés et mis en scène par Jean-Paul Goude.

Goude, génial graphiste *slash* photographe *slash* metteur en scène (pour qui j'eus l'honneur de poser en petit marin à pompon, un voilier dans un bras, une poupée gonflable dans l'autre, en une autre occasion, moins patrimoniale : une pub pour les Galeries Farfouyette), dont ce fut, ce jour-là, le sacre universel.

Goude, qui pourtant en avait vu d'autres, n'en crut pas ses yeux en découvrant, à l'exposition Pixi de 2013, au musée Maillol, son univers, son *opéra*, *pixisé*, passé du monumental au miniature sans rien perdre de sa grâce.

Du textile au métal, un même récit, épique.

Un D-Day, mille ans avant l'heure, et en sens inverse. Légende originale : « Ceux-ci portent des armes aux navires, et ici, ils tirent un chariot avec du vin et des armes ».

ISTI PORTANT ARMAS AD NAVES ET hIC
TRAHVNT CARRVM
CVM VINO ET ARMIS
hIC

Ils étaient tous là : en ouverture de cortège, des valseuses géantes en robe noire, berçant des enfants du monde entier, de jeunes Chinois à vélo entourant un monumental tam-tam muet, perché sur un échafaudage de bambous, suivi par une armée de tambours, porteurs du drapeau français et à casquette rétro-éclairante…
Venaient ensuite des danseuses pakistanaises. Pour qu'elles ne soient pas arrosées par des jets que pointaient dans leur direction des pompiers montés sur de grandes échelles, une escouade de chasseurs du Claridge les protégeaient de leurs parapluies. Puis arrivaient des percussionnistes guinéens entourés de tirailleurs sénégalais tenant des torches, tandis qu'avançait lentement, au centre, une pyramide sur cinq niveaux : d'autres percussionnistes, toujours de nationalité guinéenne, tapant sur des djembés.
Ce n'était pas fini : virevoltantes, des danseuses russes de toute beauté, certaines paradant sur un char évoquant le constructivisme, précédaient une locomotive à vapeur, la célébrissime Pacific 231, surnommée par Gabin (dans *La Bête humaine*) « la Lison » (coïncidence étrange, on n'aura pas oublié que c'est à Lison, dans le Calvados, que se trouvent les ateliers Pixi), entourée par les Tambours du Bronx ; après quoi, on découvrait des soldats de l'armée Rouge prépoutinienne et un détachement de marins russes du hautement symbolique cuirassé *Potemkine* qui éclairaient de leurs torches une patineuse dansant avec un ours, tandis que le *marching-band* de la Florida A&M University concluait cet extravagant tableau.
À en croire les témoins, la première réaction de Goude en découvrant son opéra aussi merveilleusement (bien que considérablement moins bruyant) reconstitué, fut un sobre : « Wahou ! »
Revenu de ses émotions, il confia son goût pour Pixi avec ces mots qui résument à eux seuls le livre que vous tenez entre les mains : « Pixi me fait penser à ces grandes maisons françaises avec leurs codes, leurs fidèles, leurs collectionneurs, leurs passionnels obsessionnels et un peu fous, qui défendent la tradition, le bel ouvrage et le manufacturé… Il y a quelque chose d'à la fois tendre et naïf dans tout cela, quelque chose de joyeux et de rassurant qui ne peut que nous faire retomber en enfance. »
L'enfance, ce moment particulier de la vie où l'on n'aime rien tant qu'écouter des histoires, de la bouche de ceux qui savent les raconter.
Après l'oncle Picsou, place à l'oncle Pixi !

Le roi Édouard, assis, et non assiégé.

Doubles pages suivantes
Harold, couronné roi. Ce qui ne fait pas l'unanimité.

Les matriochkas du 14 Juillet *goudien*.

Les tambours nationaux.

10338
10563
10963
10358
2007
20000
10717
20029
10240
10309

Les magiciens de Pixi à l'œuvre.
Sculpteurs, fondeurs, ébarbeurs,
peintres…

legallais

Remerciements

À Pierre Cavret, grand maître de la société secrète Pixi, *go-between* sans lequel ce livre n'existerait pas.

Antoine de Caunes et Philippe-Antoine Guénard remercient :

Alexis Poliakoff *and family*... Marie-Helen, Marie-Victoire, Sacha, Thaddée, Kate, Victor et Donald. Sylvie et Alain Guénard qui ont veillé sur cette belle maison et en ont géré le quotidien pendant plus de trente ans.

Tout le monde aux ateliers de Lison : sculpteurs, mouleurs, fondeurs, ébarbeurs, peintres, contrôleurs, certificateurs, emballeurs... autant de disques durs du logiciel Pixi, avec une attention particulière pour Daniel Godefroy et Bruno Baratte, légendaires premiers d'atelier.

Jacques et Patricia Roussel, des Drapeaux de France.

Bertrand Charlot, sans qui tout cela manquerait de direction, qui plus est artistique.

Et tous les collectionneurs... particulièrement : Alain Meunier, Éric Smadja, Cyrille Mouchet, Alain d'Hondt, Anne-Catherine Racheter et bien sûr Athéna, Agnès Joseph et Sophie Potier, nos vestales.

Olivier Lorquin, président du musée Maillol, qui a largement contribué à l'image muséale de Pixi.

Catherine Rancillac, des Éditions Albert René, qui nous a toujours fait confiance et si souvent fait bénéficier de ses précieux conseils.

Nick Rodwell et toute l'équipe de Moulinsart qui, durant de longues années, ont été partie intégrante du quotidien de Pixi.

Jean-Marie Korber et Christian Crickx, grands amis de Pixi, dont la passion a contribué à ouvrir le monde de Pixi à de nombreux collectionneurs.

À la brillante équipe du studio Pixi qui, par son talent, a généré des milliers de prototypes, de sculptures, sans trahir l'esprit Poliakoff.

Ricky Atlan puis Matthieu Danger, grands répartiteurs des raretés fragiles et convoitées.

Un grand merci à Claude de Saint-Vincent, Stéphane Longeard et Marc Laumet pour leur accompagnement et leur confiance.

UCiEN

Crédits photographiques et copyrights

[h : haut, b : bas, g : gauche, d : droite, m : milieu]

Graphisme : Grégory Bricout
Relecture et correction : Thérèse Voyau
Responsable éditoriale : Isabelle Dartois, assistée d'Ambre Treps
Assistante d'édition : Eva Levêque
Fabrication : Virginie Leroux

Photogravure : Quadrilaser
Cet ouvrage a été achevé d'imprimer en août 2023 sur les presses de Florjancic tisk d.o.o
Dépôt légal : septembre 2023
ISBN : 979-10-401-1418-5
Imprimé en Slovénie